viva

Trabaja con red

Juan Merodio

Trabaja con red

Cómo usar las redes sociales para encontrar o cambiar de trabajo

LID

MADRID BARCELONA
MÉXICO D.F. MONTERREY
BOGOTÁ BUENOS AIRES
LONDRES NUEVA YORK

Colección Viva
Editado por LID Editorial Empresarial, S.L.
Sopelana 22, 28023 Madrid, España
Tel. 913729003 - Fax 913728514
info@lideditorial.com
LIDEDITORIAL.COM

A member of: BPR
Business Publishers Roundtable.com

EAN-ISBN13: 9788483567111
Directora editorial: Jeanne Bracken
Editor de la colección: Nuria Coronado
Edición: Maite Rodríguez Jáñez
Maquetación: produccioneditorial.com
Corrección: Mar Acosta
Diseño de portada: El Laboratorio
Impresión: Cofás, S.A.
Depósito legal: M-41.685-2012

Impreso en España / *Printed in Spain*

Primera edición: febrero de 2013

Te escuchamos. Escríbenos con tus sugerencias, dudas, errores que veas o lo que tú quieras. Te contestaremos, seguro: queremosleerteati@lideditorial.com

Dedicado a mis padres y hermanos por apoyarme, a mi mujer por tener tanta paciencia conmigo y a Nuria porque sin ella este libro no habría sido posible.

Índice

Introducción

Todos los ámbitos están cambiando a pasos agigantados. El sector de los recursos humanos no se queda atrás y está aplicando distintas técnicas de marketing 2.0 y redes sociales *(social media)* en la captación de talento para nuevos puestos de trabajo.

Según estadísticas de 2011, en Estados Unidos 9 de cada 10 reclutadores tienen perfiles en redes sociales y el 54% de quienes buscan trabajo usan Facebook, Twitter o LinkedIn como canal de ayuda para encontrarlo.

Pero esta tendencia es ya una realidad en todo el mundo desde Latinoamérica hasta Australia. Según un estudio de Website Monitoring de noviembre 2012, los países que más uso le dan a LinkedIn son Estados Unidos, India, Reino Unido, Canadá, Australia, Noruega, China, Sudáfrica, Brasil, Pakistán y España, por lo que cada día aumentan las posibilidades de encontrar o mejorar tu actual puesto de trabajo si estás presente de forma efectiva en redes profesionales como LinkedIn.

Como profesional es importante que te asegures de que cuando alguien busque información sobre ti o sobre un perfil profesional que se adecue a tu currículum sea fácilmente encontrable por los departamentos de recursos humanos. Ten claro que haber elaborado un buen perfil incrementará tus posibilidades de éxito a la hora de conseguir un nuevo puesto de trabajo.

Son muchos los beneficios que nos dará el uso de las redes sociales a la hora de encontrar un trabajo, entre ellos la posibilidad de llegar a mayor número de personas, hacer visible en el mercado nuestras actitudes y aptitudes, encontrar trabajos que no se anuncian por canales tradicionales, establecer una comunicación mucho más rápida y eficiente, disponer de un contenido actualizado prácticamente a tiempo real y la generación de nuestra propia marca profesional, entendiendo por esta la imagen que vamos a crear de nosotros en el mercado del sector en el que nos movemos.

A lo largo de este libro profundizaremos en las distintas estrategias que puedes seguir para lograr tu objetivo: encontrar un trabajo acorde a tu formación y experiencia. Eso sí, es importante que sepas que esta estrategia supone un trabajo a largo plazo y continuo, con independencia de que encuentres trabajo, ya que te ayudará en el futuro a continuar mejorando tu situación laboral y, para ello, analizaremos el uso de distintas redes sociales como LinkedIn, Facebook o Twitter y veremos cómo manejarlas y qué beneficios te aportarán cada una de ellas.

Para ello es importante que te conviertas en estudiante de cada una de las redes sociales, no solo para saber cómo funcionan, sino también para conocer cuál es la mejor manera de comenzar conversaciones que generen interés, ofrezcan contenido de valor y llegar a aquellos que te interesan.

Para hacer esto de la mejor manera posible es importante que te mantengas informado acerca de todo lo relacionado con marketing 2.0 y recursos humanos y saber hacia dónde avanzan. Aunque nadie puede confirmarlo, podemos decir que en los próximos años las tendencias crecerán en torno a la selección de personal a través de la presencia en las redes sociales de los candidatos; de hecho, LinkedIn es como una red en la vida real pero llevado a Internet y con un poder viralizador mucho mayor. Los próximos años las tendencias crecerán en torno a los siguientes conceptos:

- *Social Mobile:* cada día crece más la sinergia entre los teléfonos móviles y las redes sociales, lo que hace a estos dispositivos imprescindibles para acceder a nuestros perfiles de redes sociales en cualquier momento y desde cualquier lugar.

- *Social Search:* los buscadores, tal como los conocemos, están avanzando hacia búsquedas cada día más sociales, de hecho, Google se ha dado cuenta de esta tendencia y ha desarrollado su propia red social, denominada Google+, con el fin de tener su cuota de mercado en este ámbito.

- Mayor segmentación: se tiende a crecer en el uso de redes sociales y espacios en Internet mucho más verticales, es decir, enfocados por gustos, intereses o tipos de persona, de tal manera que se busca la rentabilidad en la calidad y no la cantidad.

- Una mayor convergencia entre redes sociales y medios tradicionales. Este es uno de los mayores retos de los medios tradicionales: buscar sinergias con las redes sociales para adquirir una ventaja competitiva.

Como lector te darás cuenta de que este libro tiene un uso eminentemente práctico. Lo mejor es que vayas realizando sobre la marcha las acciones que se van describiendo y que vayas poniendo todo en práctica, paso a paso, de la manera correcta ya que, como dijo mi colega Alfonso Alcántara: «apuntarse a las redes sociales y esperar mejorar tu vida profesional es como pensar que uno va a ligar por el mero hecho de salir por la noche».

Todo lo que se cuenta en esta obra es válido tanto si estás en búsqueda activa de empleo como si tienes trabajo y quieres mejorar tu situación laboral; eso sí, ten siempre presente que se trata de estrategias a medio-largo plazo en las que para obtener buenos resultados es necesario tener paciencia y ser constante en todo lo que se hace, ya que es un proceso que necesita su tiempo, y tu marca profesional *(professional branding)* lo merece y lo necesita.

Es importante que tengas en cuenta que todas las redes sociales cambian con frecuencia su imagen y funcionalidades, por lo que es posible que cuando estés leyendo este libro haya cosas que difieran de las que aquí cuento, así como remodelaciones en el diseño de las capturas que he realizado de las distintas redes sociales.

Según un estudio reciente realizado en Estados Unidos por la empresa BullHornReach, más del 48% de los reclutadores usan a día de hoy LinkedIn para la selección de candidatos. Este portal es la principal red social en la publicación de ofertas, seguida de Twitter y Facebook.

La tendencia ya es una realidad en el resto de países, como España, y cada vez más empresas recurren a las redes sociales como LinkedIn para encontrar a su candidato ideal, pero ¿en qué punto del proceso de selección acuden a las redes sociales para buscar información del candidato? El 47% lo hace después de recibir una solicitud en su oferta de trabajo para comprobar y ampliar los datos, y el 69% de los reclutadores han rechazado en alguna ocasión a un candidato después de ver sus redes sociales, lo que pone de manifiesto la importancia de tener nuestros perfiles sociales bien actualizados y cuidados, ya que en más de una ocasión una entrevista de trabajo dependerá de lo que en ellas aparezca.

Escanea este QR para saber qué podrás encontrar en *Trabaja con red*.

Situación actual, ¡conocida por todos! 01

Según el manifiesto *Muévete* —liderado por el portal de empleo Monster a mediados de 2012 y cuyo objetivo es definir los problemas reales de la situación laboral actual de los más jóvenes y junto con especialistas de recursos humanos, universidades, expertos de la Red, emprendedores y jóvenes—, conviene definir posibles planteamientos que ayuden en la búsqueda de soluciones.

La propuesta de acción planteada la detallo a continuación tal y como se ha comunicado por Monster.

1. La educación

Juega un papel fundamental en el desarrollo de las personas, pero hay una falta clara de educación emocional. Actualmente, el paso del mundo académico al laboral se convierte en un abismo, ya que existe una clara brecha entre ellos y no se encuentran puntos de conexión ni adaptación. Las instituciones educativas deberían proporcionar de forma temprana las claves indispensables para la adaptación, que pasaría por:

- Acercar las universidades a las empresas, establecer acuerdos (sobre todo con pymes) y grupos de trabajo entre académicos y profesionales de distintos sectores para que formen parte de la educación universitaria y profesional, asesorando a las instituciones educativas sobre las demandas formativas reales del mercado.

- Ofrecer prácticas laborales como parte de los programas universitarios y de formación profesional, ayudar a los jóvenes a establecer los puentes necesarios entre las instituciones educativas y las empresas, creando acuerdos de colaboración y de formación continua gestionados por profesionales en orientación laboral.

- Facilitar a los jóvenes que puedan compatibilizar sus estudios con las prácticas laborales desde el primer año de carrera, o desde los primeros ciclos de formación profesional y propiciar una incorporación temprana al mercado laboral.

- Fomentar el emprendimiento joven. Por eso, proponen que los Centros de Orientación para el Empleo (COIE) se conviertan en COIE-E, en los que los jóvenes también puedan recibir orientación para emprendedores.

- El fracaso escolar es una alerta de los fallos del sistema, por lo que deberían establecerse métodos precoces de detección del fracaso escolar utilizando modos de reenganche a través de la formación profesional. Necesitamos especialistas técnicos y hay que definir cuántos, y para qué, con el fin de formar a los profesionales que reclama el mercado laboral.

- Existe una carencia evidente de una formación para la búsqueda de empleo. Hay que fomentar la creación de seminarios en institutos, universidades y centros educativos para dar esta formación a los jóvenes. Muchas empresas de distintos sectores podrían aportarles su experiencia directa acudiendo a las instituciones educativas.

2. Las empresas

- Debe darse una mayor relevancia a las pymes, ya que el 90% del tejido empresarial español está compuesto por este tipo de empresas. Hay que ponerlas en contacto con el talento joven a través de su presencia en las instituciones educativas.

- Formación de grupos de trabajo entre pymes, universidades y otros centros de formación superior para definir las necesidades que existen en el mundo empresarial y qué tipo de jóvenes profesionales se están demandando.

- Mentores profesionales: las empresas pueden aportar la experiencia de sus trabajadores para aconsejar a los más jóvenes sobre su carrera profesional y orientarles en el sector. Además, deben generar una red de intercambio en la que los jóvenes puedan solicitar la orientación y el consejo de aquellos profesionales que trabajan en el sector que les interesa.

- Deben involucrarse de forma mucho más activa en la formación de jóvenes profesionales y ser partícipes, a través de su visión y experiencia, en los planes de empleo joven de las administraciones públicas.

- Tienen que invertir más en el proceso de selección. Cuando se inicia un contrato laboral, tanto la empresa como el trabajador esperan algo del otro. Se hace interesante, a fin de amortizar el proceso de selección y las expectativas del trabajador, dar la vuelta al modelo: que sea el candidato quien elija a la empresa quitaría algunos miedos a la equivocación. ¿Por qué eliges esta empresa y dónde me aportas algo?

- Diversidad en edad, no en inquietudes. El panorama demográfico y el laboral dibujan un futuro en el que convivirán dentro de la empresa perfiles profesionales con mucha diferencia de edad. El retraso de la edad de jubilación hará que coincidan jóvenes, que se incorporan por primera a la empresa, con personas de 65 años. Por ello es importante que ambos mundos se empiecen a acercar desde ya. Hay que poner en positivo esas sinergias, el aprendizaje bidireccional y el disfrute de descubrir que puede que no sea tanta la distancia.

3. El individuo

- Cuestión de actitud: seguro que muchos llevan meses, o incluso años, buscando trabajo, pero la realidad laboral es ahora mismo tan complicada que hay que aprender lo que hay que dar al mercado, analizar lo que se ofrece y aportarlo a la empresa para así poder recibir una buena oferta a cambio. Frente a la insatisfacción, el miedo al fracaso y la falta de objetivos claros para definir objetivos futuros, todos debemos aprender a arriesgarnos y tomar decisiones desde etapas tempranas. Pero lo más importante es transmitir a los jóvenes que una actitud positiva ante la situación actual es lo más importante para lograr sus objetivos.

- Hay que trabajar en la llamada «cultura del esfuerzo». Buscar trabajo es un trabajo en sí mismo y hay que luchar y diferenciarse del resto, moverse y no desistir por mucho que la situación no sea favorable.

- Debemos dejar de considerar salir a trabajar al extranjero como algo negativo y verlo como una experiencia personal y profesional que nos va a proporcionar madurez y muchas oportunidades.

- En un mundo en el que las posibilidades son infinitas, muchos jóvenes no saben qué herramientas utilizar y cómo para encontrar trabajo, formarse en la búsqueda de empleo les ayudará a manejar la información disponible.

- Hay que tener una mentalidad más flexible, pensar que cuestiones como la temporalidad también pueden ser una forma de trabajar por proyectos, que dedicarse a algo para lo que no hemos estudiado nos proporcionará mucha experiencia para trabajos futuros, que salir al extranjero puede ser una alternativa para volver con otra filosofía y aplicar los conocimientos adquiridos en un entorno internacional, algo muy valorado por las empresas.

- De verdad, jóvenes emprendedores. Conseguir que el emprendimiento forme parte del imaginario colectivo como una opción laboral más y no solo como una salida arriesgada. Eso se consigue trabajando en ello desde el comienzo. Por eso, aprovechar la imaginación, la iniciativa, las ganas, desde las edades y los ciclos de la educación más básicos, es crucial para motivar el emprendimiento.

- Los jóvenes deben tener voz y participar de forma activa en la elaboración de planes para el empleo joven. Ellos conocen mejor que nadie cuáles son sus necesidades y las barreras con las que se encuentran cada día para buscar empleo. Hay que escucharles e invitarles a aportar en decisiones que les afectan.

4. La sociedad

- Cambio de percepciones: un currículum con experiencias cortas en varias empresas no es un candidato sin objetivos ni rumbo, sino una persona con múltiples vivencias profesionales que aportan valor.

- El pesimismo generalizado no aporta nada: hay un clima de opinión muy negativo, en parte promovido por los medios de comunicación.

- ¿Por qué no apostamos por mostrar también casos de éxito? Una inyección de optimismo es fundamental para que se produzca un cambio de actitud.

- Los jóvenes deben aprovechar al máximo las nuevas tecnologías como herramienta para buscar empleo, pero muchas veces, con tanto exceso de información, no saben dónde buscar ni cómo hacerlo. Hay que formarles para la búsqueda de empleo a través de Internet, que abre un mundo de posibilidades infinito. Proponemos la creación de cursos específicos sobre ese tema como parte de las conferencias y/o actividades que se realizan en los centros de formación superior.

- Existe una falta de líderes y referentes profesionales en nuestro país que los jóvenes puedan tomar como ejemplo y motivación. Hay que buscar profesionales que cumplan ese papel para aportar a la sociedad su experiencia. En este sentido, periodistas y medios de comunicación pueden ayudar a poner en valor estos referentes, manifestar y comunicar que también existen casos de éxito profesional de los que todos podemos aprender.

- Positivismo interno y *coaching social*. Pierde quien se da por vencido. Si por nuestros medios no podemos lograr nuestros objetivos no hay que olvidar que la unión hace la fuerza y que debemos aprovechar nuestras habilidades para ayudar a otros y que las de otros nos ayuden a nosotros. Solo fomentando la cultura de la solidaridad social, y el trabajo en equipo desde los primeros ciclos de la educación, podremos aprender a gestionar las posibilidades de intercambiar contactos, conocimientos y objetivos.

Con este vídeo Juan Merodio te convencerá de lo importante que son las redes sociales en la actualidad para la búsqueda de empleo.

02 Empezando a definir tu estrategia de búsqueda de empleo: marca profesional

Encontrar el puesto de trabajo que buscas requiere de paciencia y de una estrategia bien planificada, es por ello que el primer paso que debes dar es sentarte frente a un papel en blanco y pensar qué vas a hacer, cómo y cuándo y, con esa intención, lo mejor es crearte una estrategia de marca profesional o *professional branding*.

Para ello vamos a coger una hoja en blanco y definir los siguientes ocho puntos que marcarán el comienzo. Esta parte puede llevarte entre uno y tres días, dependiendo de lo claro que tengas tu objetivo, pero es importante que no pases al siguiente capítulo hasta que tengas completada esta parte.

1. ¿Cuáles son tus objetivos?

¿En qué eres bueno? ¿Qué tipo de trabajo quieres conseguir y dónde? Muchas veces nos encontramos perdidos acerca de a dónde ir y nos surgen preguntas como: ¿cambiamos de sector? ¿Salgo de mi país a buscar trabajo en otro? Pero lo importante es que sepas hacia dónde vas a enfocar tus esfuerzos sean cuales sean, y si has decidido usar las redes sociales para lograrlo debes tenerlo claro.

2. ¿Qué necesitas?

Todo objetivo, sobre todo si es un poco ambicioso, requiere de nuevas necesidades, y esto no debe asustarte, que algo sea difícil no significa imposible, por lo tanto ánimo y adelante porque eso es que lo puedes conseguir.

Para ello te puede ser muy útil realizar un análisis DAFO personal, en el que describas tus debilidades, amenazas, fortalezas y oportunidades, lo que te dará una visión más acertada de lo que necesitas.

3. ¿Quién es tu objetivo?

Tienes que saber bien a quién o quiénes te vas a dirigir y para ello debes conocerlos a la perfección, por lo que puedes hacer una primera selección de empresas que podrían tener, si no ahora en un tiempo, una oferta de trabajo relacionada con lo que buscas.

Es importante que de cada empresa analices quiénes son, dónde están, qué ofertas de empleo suele publicar y con qué frecuencia, pero lo más importante es que conozcas la filosofía de las empresas, cómo trabajan, qué tipo de perfiles prefieren, puesto que si consigues saber lo que realmente buscan estarás más cerca cuando surja la oportunidad de saber lo que tienes que hacer para que te elijan sobre otros candidatos.

4. Nuestra identidad digital

Al igual que las empresas se preocupan por lo que dicen sus clientes de ellos en Internet, tú debes interesarte de lo que dicen y aparece de ti en buscadores y redes sociales, por lo que el primer paso es buscar tu nombre en un buscador como Google, revisar las dos primeras páginas de resultados y comprobar si aparece algo malo de ti, alguna foto o vídeo que consideras que puede manchar tu imagen profesional. Si encuentras algo de este tipo intenta, en la medida de lo posible, borrarlo de la página en la que aparezcas.

Ten en cuenta que las opiniones de los demás sobre ti conforman tu identidad digital y esta afecta directamente a la imagen y decisión que un reclutador pueda tener y tomar sobre ti.

Hay muchas herramientas que te facilitarán el trabajo y una de ellas es http://resumup.com, que te ayuda a crear un currículum en formato infografía con la información acumulada en tu perfil de Facebook y LinkedIn y que también puedes usar para analizar la información que hay de ti en las redes sociales ya que te ayudará a ver cómo te puede ver un reclutador, y valorar si vas por el camino que te interesa o no.

Para usarlo entra en su página web y loguéate tanto con la cuenta de Facebook como la de LinkedIn para que muestre toda la información posible. Generará un documento en PDF similar a este:

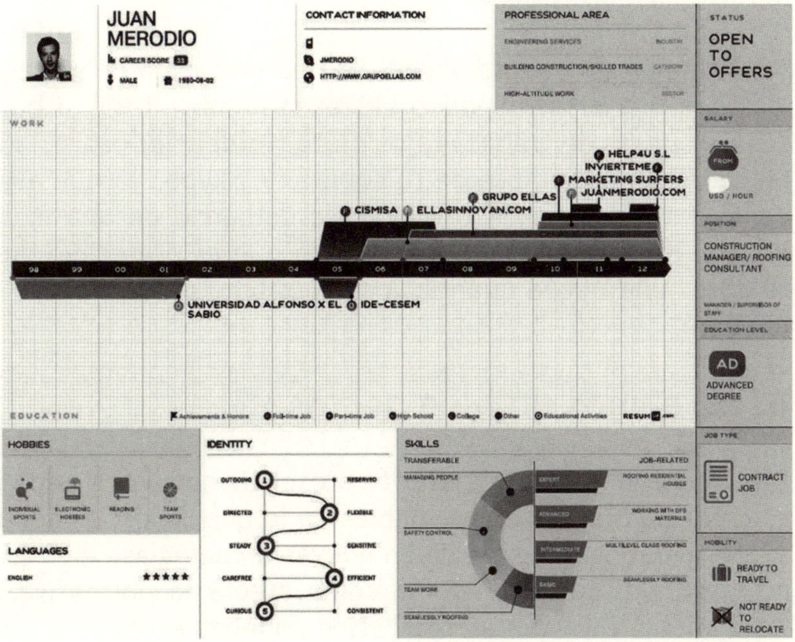

5. ¿Qué redes sociales vas a utilizar?

Es probable que ya seas usuario de distintas redes sociales —como, por ejemplo, Facebook— y que su uso no responda a motivos laborales, sino más bien a otros de índole personal. En este caso no hay problema, siempre y cuando tengas cuidado con los contenidos que subes. Evita todo aquello que pueda dañar tu imagen profesional, así como cualquier tipo de comentarios que den lugar a distintas opiniones —como pueden ser la religión o la política—, no es la primera vez que un simple comentario hace cambiar de decisión a un reclutador de personal.

Debes valorar en función de tus objetivos qué redes vas a utilizar. Está claro que LinkedIn debe estar entre ellas, pero también podrás usar Facebook, Twitter, YouTube y Slideshare. Te recomiendo que tomes la decisión en función de tu objetivo *(target)* ya que si, por ejemplo, estás buscando trabajo en Alemania te puede interesar tener presencia en la red social profesional Xing.

Ten también en cuenta Skype, ya que quizá sea una buena vía para una primera vídeo entrevista, sobre todo si buscas un puesto de trabajo lejos de tu residencia; eso sí, ten cuidado con el nombre de tu cuenta de Skype, ya que algo como gatitapeleona24 o elgintonicsdelbarrio da una mala imagen de cara al reclutador, por lo que es preferible que te abras una nueva cuenta, a ser posible con tu nombre y apellido.

6. ¿Creamos un blog personal?

Una buena idea para mejorar tu presencia como profesional es crear un blog en el que hables de lo que sabes, es decir, si eres un abogado experto en nuevas tecnologías, ¿por qué no crear un blog explicando cómo afecta la normativa a las distintas acciones de marketing en Internet? Seguro que muchas personas de este campo lo encuentran muy útil y te ayudará a ir creándote tu marca profesional.

Para ello utilizamos el llamado marketing de contenidos (o *content marketing)* cuyo objetivo es generar argumentos que llamen la atención hacia los diferentes segmentos de tu objetivo y que consigan irte posicionando en su mente de tal manera que cuando tengan la necesidad se acuerden de ti.

Puede que al principio te resulte difícil saber de qué hablar o cómo enfocar el blog, por lo que buscar la respuesta a las siguientes preguntas te va a ayudar:

1. ¿Eres capaz de generar contenido profesional sobre tu sector?
2. ¿De qué vas a hablar?
3. ¿Cuánto y cuándo vas a escribir?
4. ¿Dónde vas a publicarlo? Lo más recomendable es un blog en WordPress.
5. ¿Cómo vas a dar a conocer tu blog? Las redes sociales pueden ayudarte.
6. ¿Por qué vas a escribir sobre el tema que has elegido?

Una vez tengas las respuestas a estas preguntas tendrás más claro el objetivo y contenido de tu blog.

En el siguiente capítulo se explica cómo crear un blog gratuito.

7. Estrategia a seguir en cada red social

¿Qué vas a hacer en cada una de las redes sociales? Puede que decidas seguir utilizando Facebook para amigos, pero quizá hayas decidido usar YouTube como canal para subir tu vídeo currículum, Twitter para compartir e informarte acerca de noticias de tu sector y Slideshare para subir una presentación de tu trayectoria profesional.

En el caso de que decidas crear un vídeo currículum ten en cuenta que debe ser un vídeo muy directo, a ser posible que no dure más de un minuto, en el que debes reflejar tus actitudes y aptitudes más destacadas.

Si, por ejemplo, estás optando a puestos en los que el inglés resulta un requisito fundamental, es recomendable que hagas el vídeo currículum también en inglés, lo que ayudará al reclutador a ver tu nivel y capacidad de expresión.

Es típico el sentimiento de vergüenza que a todos nos invade al realizar el primer vídeo currículum, pero es algo que debes hacer. Tómate tu tiempo para grabarlo tantas veces como sea necesario y ten preparado lo que vas a decir para que salga de manera natural y mira siempre a la cámara, nunca a un papel que tengas cerca para leer.

Además, en LinkedIn, una estrategia que te puede ayudar la publicó la propia red social en mayo de 2012 mediante un estudio. En él afirmaba que nueve minutos al día es lo que necesitamos para crecer profesionalmente y lo detallaba en los siguientes nueves pasos (cada uno no debe llevarte más de un minuto):

1. Construye tu red de contactos: mantener las relaciones es un componente importante para tener una carrera exitosa.
2. Recomienda a las personas con las que has trabajado: a todo el mundo le gusta que le valoren su trabajo y LinkedIn te permite hacerlo.
3. Solicita recomendaciones de los contactos de tu red profesional, ya que la credibilidad es esencial.

4. Incluye en tu perfil logros y reconocimientos para que la gente los pueda saber.

5. Actualiza tu perfil cada día y asegúrate de que tu foto también lo está.

6. Amplía tu liderazgo: dirige un fórum o un grupo en LinkedIn, publica un artículo, empieza un blog, haz recomendaciones de libros en la aplicación de Amazon en LinkedIn.

7. Utiliza el poder de un vídeo y crea tu biografía en este formato para tu perfil en LinkedIn.

8. Selecciona a tu personal: elegir a los profesionales adecuados es una de las tareas más difíciles para un directivo. Si creas la comunidad de tu marca tendrás seguidores que querrán trabajar contigo.

9. Investiga: haz un esfuerzo para conocer más a tus clientes, socios y competidores. LinkedIn es un buen lugar para empezar.

8. ¿Cómo vamos a medir los resultados?

Estamos en el último punto y uno de los más importantes: saber si lo que estamos haciendo va por buen camino para lograr nuestro objetivo o debemos cambiar algo.

Para ello vamos a elaborar un pequeño cuadro de mandos que contenga unos *indicadores* claves de rendimiento (KPI o *key performance indicators*).

Todo esto podríamos organizarlo en una hoja de Excel como la siguiente:

	Mes 1	Mes 2	Mes 3	Mes 4	Mes 5	Mes 6
KPI						
Contactos LinkedIn						
Recomendaciones LinkedIn						
Seguidores Twitter						
Listas Twitter						
Visualizaciones YouTube						
Visualizaciones Slideshare						
Visitas mensuales blog						
Suscriptores blog						
Entrevistas de trabajo						

Pero, además de medir estos parámetros, sería interesante que supieses si las personas a las que se lo hayas enviado por correo electrónico abren o no tu currículum y cuántas veces. Por ejemplo, imagínate que te dan el contacto de la directora de Recursos Humanos de una empresa en la que quieres trabajar y donde además tienen una vacante. Lo que deberías hacer es mandarle un mensaje adjuntándole el currículum. Pero, ¿sabes si lo ha abierto? La respuesta es no aunque, claro, nos interesaría saberlo. Para ello, por qué no, en lugar de adjuntarle el currículum, le enlazamos a nuestro perfil de LinkedIn o Slideshare para que lo vea y de esta manera podremos saber si ha hecho clic en el enlace y, por lo tanto, si lo ha abierto.

Para hacer esto vamos a utilizar los llamados acortadores de URL, en concreto, Bit.ly. Para ello entra en http://bitly.com, loguéate con tu cuenta de Facebook y, una vez dentro, pega el enlace de tu currículum en LinkedIn o Slideshare que quieras compartir donde pone «Paste a link here».

Ahora tienes que personalizar la URL, para ello haz clic en «Customize» y pon CV seguido de tu nombre y en «Title» CV + tu nombre + persona a la que lo has dirigido. Como puedes ver en el siguiente ejemplo, el enlace que compartiría en el correo electrónico sería http://bitly.com/CVJuan MerodioLK, que llevaría a mi perfil de LinkedIn y lo he titulado, a modo de ejemplo, CV Juan Merodio a directora RRHH Iberia para saber los datos concretos de ese correo que he enviado.

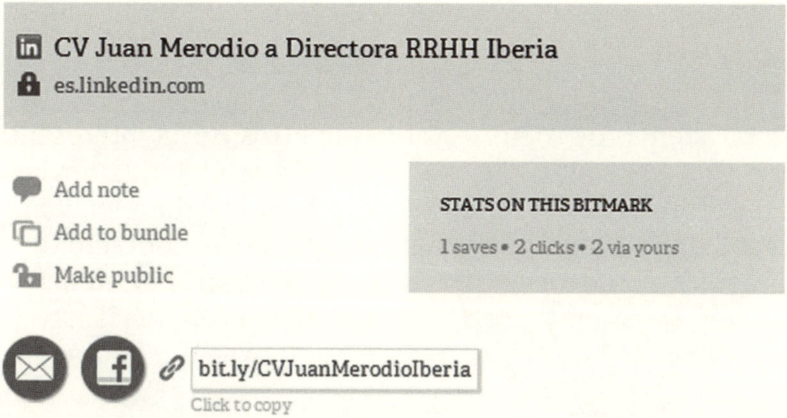

Este proceso debes repetirlo en cada correo que mandes, de manera que puedas saber en cada caso quién ha visto tu currículum, cuántas veces y desde dónde. Para ello dentro de Bit.ly debes ir a «Stats» y podrás ver con detalle cuántas personas lo han visto, cuántas veces, el día y hora concretos y desde qué país. Con esta información podrás valorar si volver a contactarles porque todavía no han visto tu currículum o saber si lo han visto varias veces, lo que puede denotar cierto interés.

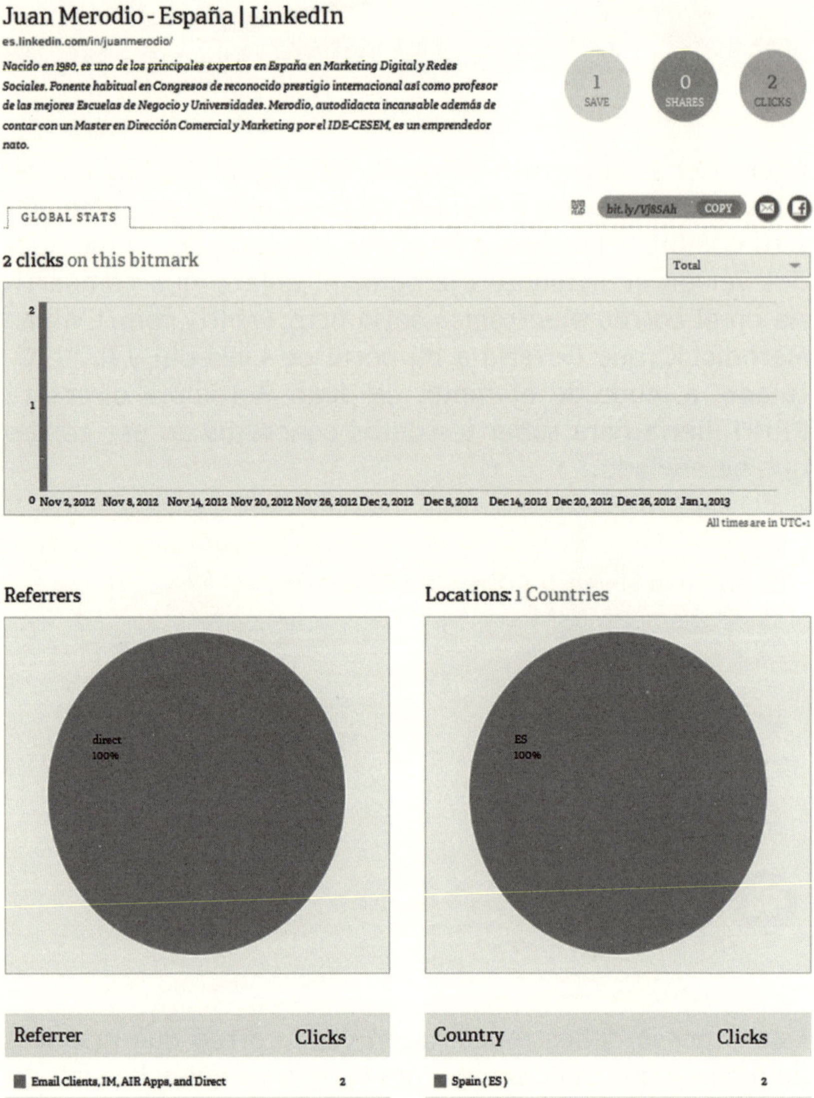

A continuación, con la finalidad de darte una guía que debes seguir para tu plan de trabajo, lee con detalle el siguiente ejemplo de plan de marca profesional. Es un plan ficticio de una chica que trabaja en una compañía de turismo en el sector de las aerolíneas.

9. Ejemplo de plan de marca profesional

Caso: trabajadora en paro del sector de las líneas aéreas.

1. Objetivos.

   Imagínate que hace tres meses que te han despedido por recortes de la aerolínea en la que trabajabas como comercial. Resulta que tu sector está muy tocado en estos momentos y estás pensando en cambiar a otro después de más de diez años de trayectoria profesional en él. Investigando te das cuenta de que el problema está en tu país en concreto y que en otros hay más ofertas en tu puesto. Incluso, quieres ir un paso más allá y formarte para trabajar en *revenue management* ya que fuera de tu país hay muchas más opciones.

   Tenemos claros los objetivos en este caso: encontrar fuera de mi país un puesto de trabajo de *revenue management*.

2. Necesidades.

   Para conseguir optar a este puesto de trabajo necesitas mejorar tu inglés a nivel de conversación. Buscas un profesor particular que te ayude a mejorar tu nivel de inglés, enfocando el aprendizaje y el vocabulario hacia el sector de las aerolíneas, y un nativo para intercambiar conversación.

   Además es necesario que te formes en *revenue management* ya que, aunque has hecho algunas cosas en trabajos pasados, para acceder a este puesto necesitas saber más, por lo que decides comprarte un libro relacionado con ello y buscas un curso que lo complemente.

   Además, has decidido grabar un vídeo currículum que subirás a YouTube. Lo realizarás a modo de *elevator pitch*, es decir, preocupándote por transmitir quién eres y qué haces en menos de un minuto.

3. Target.

   Nuestro destino es Qatar porque hemos visto que es donde más ofertas hay y las principales aerolíneas son Qatar Airways, Iberia y American Airlines.

4. Identidad digital.

   Hemos analizado el nombre de la persona y no aparece nada potencialmente negativo, siendo los primeros resultados para sus redes sociales.

5. Redes sociales a utilizar.

   Vamos a centrarnos en LinkedIn, controlando también lo que publicamos en Facebook, Twitter, YouTube y Slideshare. En esta última crearemos un currículum más creativo basándonos en la idea del que puedes encontrar en http://www.slideshare.net/EmilandDC/how-i-landed-a-job-with-slideshare (también puedes escanear el siguiente código QR con tu móvil para verlo).

6. Blog personal.

   Vamos a optar por crear un blog personal que hable de las distintas estrategias para la mejora de la comercialización de productos turísticos, ya sean líneas aéreas, hoteles, hostales, coches de alquiler, etc. Para ello crearemos un blog gratuito de WordPress desde http://es.wordpress.com.

7. Estrategia en cada red social.

La estrategia se basará en generar contactos cualificados del sector a través de LinkedIn y la creación de un grupo en el que juntar a los distintos profesionales del *revenue management* de la aviación.

En YouTube crearás un canal con un vídeo currículum en el que detallarás tu experiencia profesional como si se la estuvieses contando a un reclutador con el que te hubieses encontrado en un ascensor y al que quisieses convencer de que eres el candidato que mejor encajas en su vacante (o, si fuese un potencial inversor, que tu negocio o empresa es la mejor opción). Para ello dispones de unos pocos minutos (lo cual implica que la presentación debe ser rápida), en los que debes explicar quién eres y qué puedes aportar a una empresa en ese puesto.

Slideshare se utilizará también para tener una presentación de la trayectoria profesional al estilo del que podemos ver en http://www.slideshare.net/cferdinandi/resumesm (también puedes escanear el siguiente código QR con tu móvil para verlo).

Twitter nos permitirá estar informados de las novedades del sector mediante la monitorización de palabras claves como «*revenue management* aerolíneas».

A su vez, en el blog deberás escribir unos dos *posts* semanales en los que hables de la resolución de problemas y de cómo afrontarlos desde los distintos ámbitos del sector turístico, con un enfoque algo más fuerte hacia las aerolíneas.

8. Medir los resultados.

Nuestros KPI van a ser el número y crecimiento de contactos cualificados en LinkedIn, las recomendaciones en LinkedIn, los seguidores de Twitter, las listas temáticas de Twitter en las que nos han añadido, las visualizaciones de nuestro vídeo currículum de YouTube, las visualizaciones de nuestra presentación en Slideshare, las visitas mensuales al blog, las suscriptores al blog y los contactos que obtengamos para entrevistas de trabajo.

	Mes 1	Mes 2	Mes 3	Mes 4	Mes 5	Mes 6	Objetivos
KPI's							
Contactos LinkedIn							250
Recomendaciones LinkedIn							6
Seguidores Twitter							300
Listas Twitter							20
Visualizaciones YouTube							500
Visualizaciones Slideshare							750
Visitas mensuales blog							6.000
Suscriptores blog							120
Entrevistas de trabajo							14

Escanea este QR y empieza a planificar tu estrategia de búsqueda de empleo.

Cómo crear un blog profesional gratuito | 03

Hay diversas plataformas para la creación de un blog, pero yo voy a hablarte de una de las más usadas: WordPress. A continuación, voy a detallarte paso a paso el proceso que debes seguir para crear el blog y luego gestionarlo.

1. Creación del blog

Entra en la página de WordPress en español (http://es.wordpress.com) y haz clic en «Comienza».

A continuación, debes completar la dirección del blog —que será la URL de tu blog—, el usuario y la contraseña para acceder al administrador desde el que lo gestionarás y un correo electrónico para recibir las notificaciones.

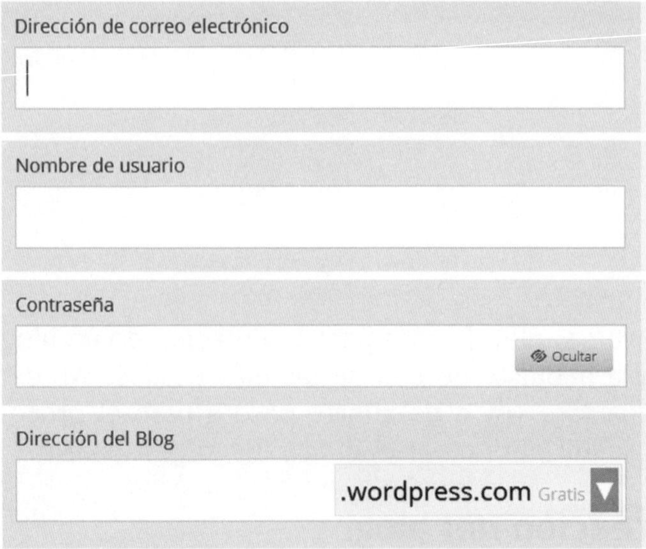

Nos dará la posibilidad de crear el blog gratuito pero también una opción de pago que ofrece ciertas ventajas, como se puede ver en la siguiente imagen (a esta opción también se puede acceder más tarde). En esta ocasión explico solo la versión gratuita.

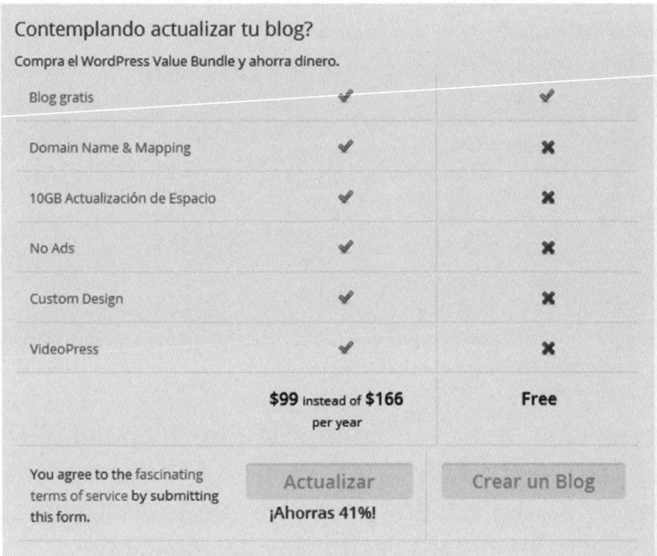

Blog gratis	✔	✔
Domain Name & Mapping	✔	✖
10GB Actualización de Espacio	✔	✖
No Ads	✔	✖
Custom Design	✔	✖
VideoPress	✔	✖
	$99 instead of **$166** per year	**Free**
You agree to the fascinating terms of service by submitting this form.	Actualizar ¡Ahorras 41%!	Crear un Blog

Ahora debes entrar en el correo electrónico que has puesto para confirmar la cuenta y añadir los datos de tu perfil.

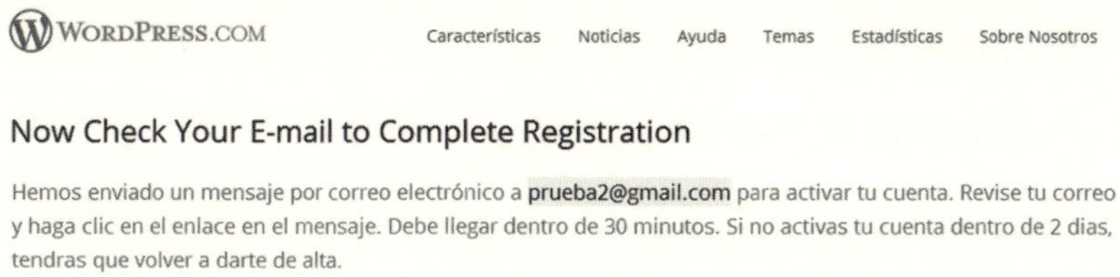

Ya tienes el blog creado y, nada más entrar en el panel de administración, verás el menú para navegar en el panel que se encuentra en la parte izquierda de la pantalla. Al parar el cursor al lado de cada opción se mostrarán las subsecciones.

2. Primera visualización del panel de administrador

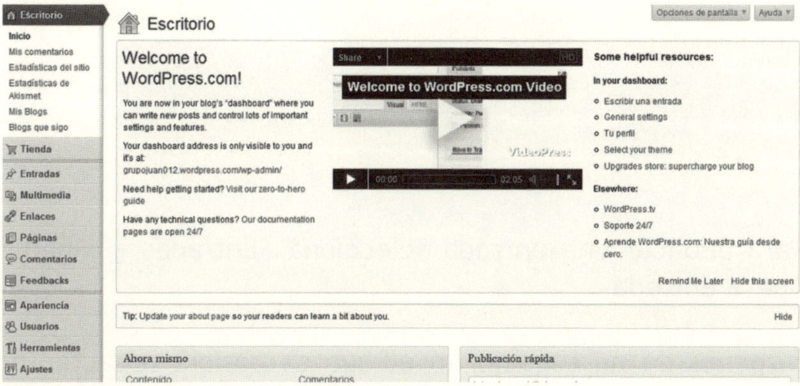

Las entradas son los *posts* que se mostrarán en el blog. Cada entrada tiene:

- Título: el título del *post* que quieres publicar.
- Texto: el texto del *post*. Para añadirlo dispones de las opciones de editores similares a Microsoft Word.

- Categoría: cada *post* se clasifica bajo una o varias categorías.
- Etiquetas: temas. Cada *post* no debe tener más de cinco etiquetas.
- Fotografías o enlaces.

3. Cómo publicar un *post*

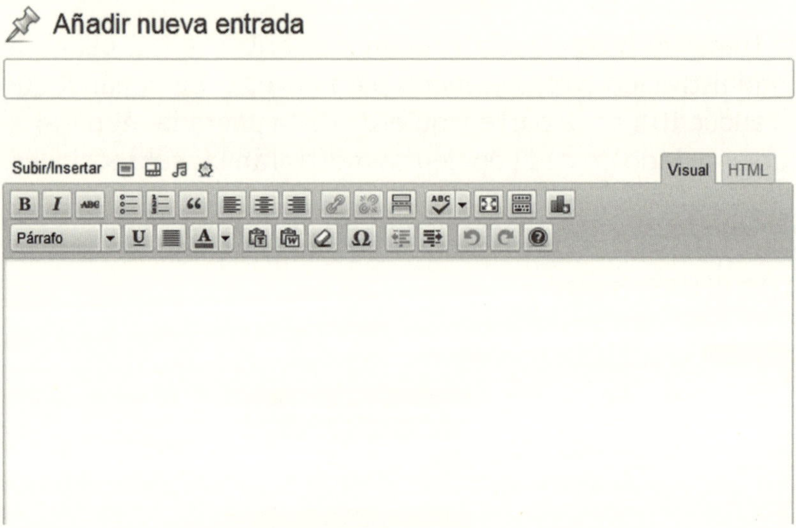

Para publicar una entrada selecciona «Entradas -> Añadir nueva entrada».

Dispones de un espacio en el que es posible redactar el texto mediante un editor que tiene varias funciones. Para publicar una entrada hay que seguir los siguientes pasos:

1. Selecciona un título para la entrada.

2. En la caja de texto comienza a escribir el mensaje. Puedes añadir enlaces y darle formato al texto (mediante negritas o cursivas, por ejemplo).

3. Añade las etiquetas y categorías que definen esta entrada. Una de las dudas más frecuentes gira en torno a las diferencias entre las categorías y las etiquetas. Las etiquetas son más específicas, mientras que las categorías son más generales. Por ejemplo, para clasificar un artículo sobre la teoría de Sigmund Freud sobre mecanismos de defensa puedo utilizar la categoría «Freud» y la etiqueta «mecanismos de defensa». Si no se selecciona una categoría, se clasifica de manera automática por defecto. Añadir etiquetas a una entrada es opcional pero recomendable.

Hay dos formas principales de insertar una imagen: subiéndola al blog desde el ordenador o añadiendo la dirección de Internet en la que se encuentra. Comienza por adjuntar una imagen desde tu ordenador: en el editor selecciona el icono «Añadir una imagen» (situado al lado de «Subir/insertar»).

Pulsa sobre «Elegir archivos», selecciona la imagen y pulsa en «Abrir». Puedes cambiar el título, incluir una leyenda debajo de la imagen y añadir una descripción.

Tienes la opción de enlazar esa imagen a su URL o a la dirección de la entrada. Además, puedes seleccionar la alineación de la imagen y su tamaño. Por último, pulsa sobre «Insertar en entrada».

También podemos insertar (embeber) dentro de los *posts* vídeos de YouTube y otros elementos multimedia como presentaciones de Slideshare o mapas de Google Maps.

Para ello debes hacerlo desde la zona de creación del *post*, dirigiéndonos a la pestaña «Texto», pero recomendamos tener unos conocimientos mínimos de HTML para realizarlo.

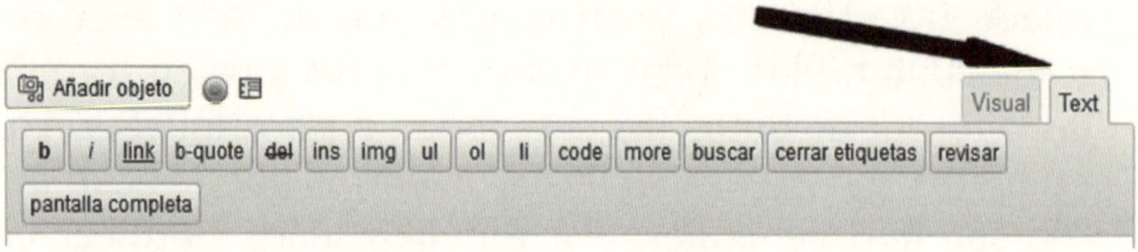

Cada entrada se clasifica bajo una o varias categorías. Estas permiten la clasificación de las noticias y páginas en grupos y subgrupos, de tal manera que ayuden al visitante en la navegación y uso del sitio web. Cada categoría puede tener una categoría padre para crear una jerarquía dentro de la estructura de categorías.

Para crear una categoría, selecciona «Entradas -> Categorías»: en la parte central de la pantalla aparece un menú para la nueva categoría y la opción de asignar qué categoría estaría por encima en el árbol de categorías. Una vez completados esos datos pulsa en el botón «Añadir nueva categoría» que aparece al final de la pantalla.

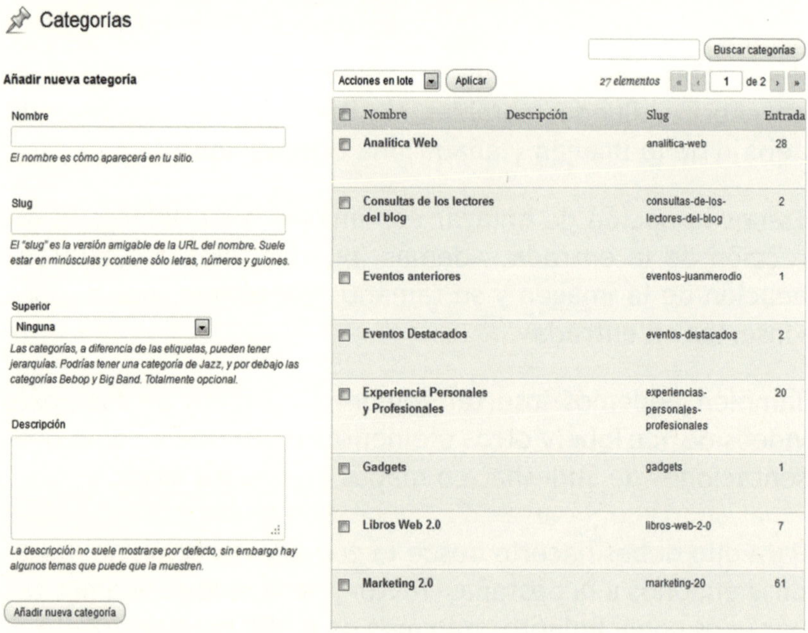

Las páginas se usan sobre todo para presentar la información atemporal sobre nosotros. Ejemplos de páginas que habría que incluir serían: contacto y quiénes somos.

Respecto a los comentarios deben siempre aprobarse antes de que sean publicados, para lo que cada vez que un usuario deje un comentario, antes de que sea visible, te llegará un correo electrónico para que hagas clic en el enlace y autorices su publicación o la deniegues si ves que se trata de *spam*.

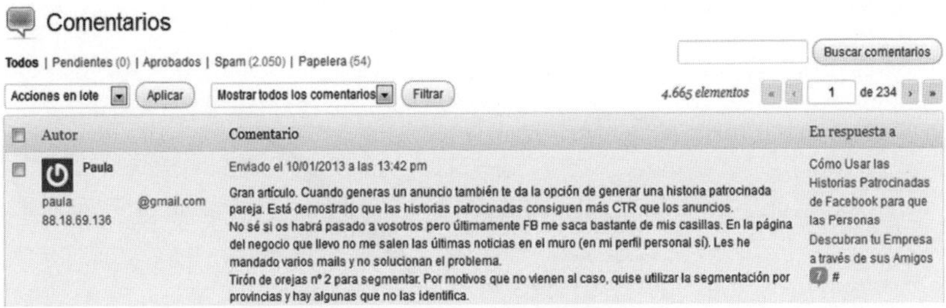

4. Cambio del diseño del blog

En el apartado «Apariencia» encontrarás distintas opciones para cambiar el tema (diseño del blog), ajustes de la cabecera o del fondo y los llamados *widgets* que te permitirán añadir funcionalidades en la barra lateral del blog.

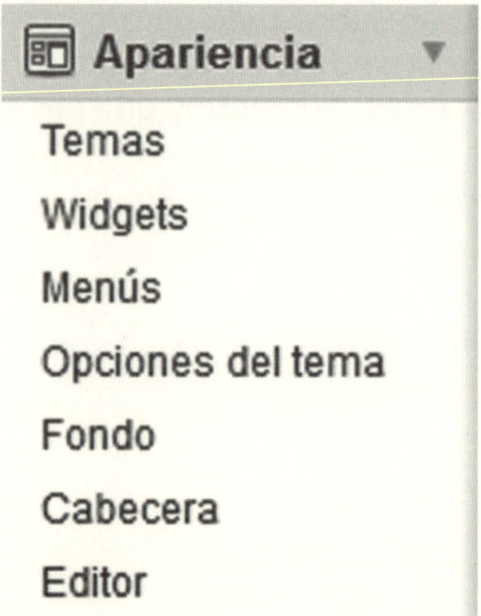

Para utilizar los *widgets* tan solo tienes que coger el que quieres, arrastrarlo hacia el lateral derecho y colocarlo donde quieras, por ejemplo entre «Buscar» y «Entradas recientes».

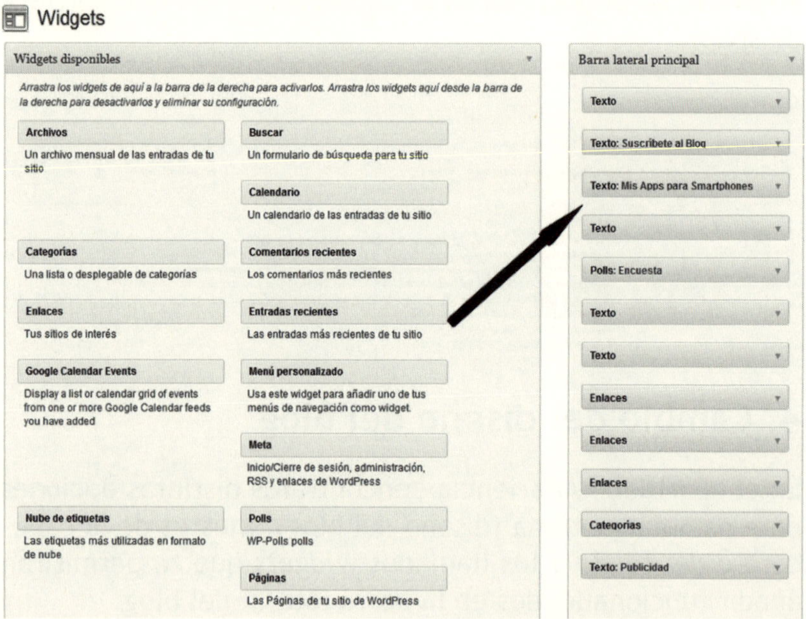

5. Visualización de estadísticas

WordPress cuenta en el administrador con su propio sistema de estadísticas en el que podrás ver cuántas visitas recibes en el blog, así como otros datos de interés. Puedes acceder desde «Escritorio -> Estadísticas del sitio».

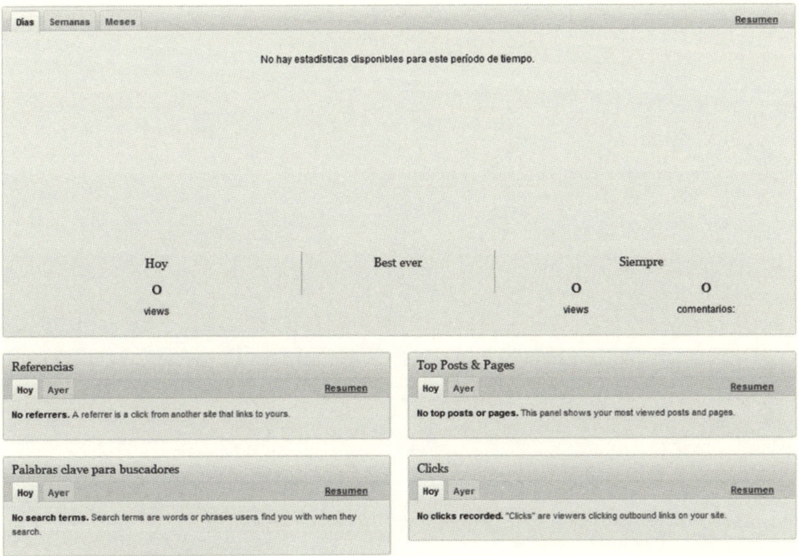

En este vídeo Juan Merodio te convencerá del peso que puede tener tu blog como herramienta para conformar tu marca profesional.

LinkedIn, tu principal arma de trabajo | 04

¿Crees que LinkedIn es un buen canal para encontrar trabajo? La primera vez que me hice esta pregunta pensé que sí, pero me pregunté: ¿qué pensará el resto de personas? Para saberlo realicé una encuesta en LinkedIn y me di cuenta de que mucha gente pensaba como yo. Es más, algunos han vivido experiencias positivas en primera persona tal y como muestro a continuación.

1. ¿Habéis encontrado trabajo gracias a LinkedIn?

Estoy realizando un estudio sobre la influencia de LinkedIn como canal para encontrar empleo directamente o como canal de influencia en la búsqueda de trabajo y me gustaría saber si alguien puede decir que gracias a LinkedIn ha encontrado trabajo.

Respuestas (15)

Paul Severn FitzGibbon 1.º

Pues yo no, la verdad, pero conozco gente que ha realizado entrevistas gracias a LinkedIn.

Tamara Rodríguez García 1.º

No, pero conseguí varias entrevistas a través de esta red social. También he de decir que esto sucedió en Estados Unidos, en España casi no uso esta red social en comparación con la importancia que tiene en el primer país que he citado.

Jordi Comas Terradas 1.º

Hola Juan,

Creo que LinkedIn es un medio excelente de ponerse en contacto directamente con aquellas empresas que puedan interesarte y sin intermediarios. Hay profesionales que han encontrado trabajos bien remunerados por aquí. También hay *headhunters* a la caza de buenos profesionales, con buena experiencia y buenas recomendaciones. Por tanto, mi respuesta a tu pregunta es sí.

Ignasi Tort 2.º

Hola Juan,

Sí he recibido ofertas de cazatalentos (aunque no han llevado a un trabajo directo), algunas ventas de cursos (aunque los anuncios y visitas a la web se llevan la palma) y he conseguido contactos que se deben trabajar.

Por tanto, algo de trabajo, no un puesto de trabajo, pero es un apoyo para preparar las entrevistas y visitas a posibles clientes. Además, es un soporte a mi identidad digital.

Alirio García 2.º

Hola Juan,

He recibido solicitudes de presupuesto y consultas sobre mis servicios.

Ángela Beatriz Juárez 2.º

Sí, lo he hecho y gracias a ello ahora tengo un espacio propio de trabajo que sigue creciendo.

José Manuel Vega Iracelay 2.º

La verdad es que llevo dos meses y nada, humildemente con un buen currículum.

Javier Belda Sanchís 1.º

Hola Juan,

Mi respuesta es no, aunque sí es cierto que LinkedIn se está convirtiendo en un Infojobs pero dirigido a profesionales directamente. Hoy en día es el mejor currículum que puede existir, ya que el que lo trabaja lo alimenta día a día.

Creo que es una excelente herramienta de *networking*, por eso muchas de las respuestas hablan de que sí han hecho negocios con algunos de sus contactos.

Espero que mi respuesta te sirva para tu blog, nos vemos por Fundesem.

Javier Ales Aguilera 2.º

Pues en mi caso es muy útil, tanto para buscar profesionales como para localizar buenos candidatos.

Felipe Andrés Godoy Rozas 2.º

En lo personal no. Pero conceptualizo esta plataforma como ideal para hacer contacto profesional en emprendimientos concretos *o networking,* para la búsqueda de un puesto específico.

Javier Sanchís Moratalla 1.º

La verdad es que no, piden requisitos realmente altos y mucha experiencia. No conozco a nadie que lo haya hecho.

Óscar Héctor Canorio 2.º

Juan,

Yo he tenido varias ofertas laborales. Me parece que no es gracias a LinkedIn, sino gracias a la gestión que uno hace en LinkedIn lo que genera resultados. No es un tema semántico menor pues, en la medida en que uno usa la herramienta, esta dará resultados.

Lo interesante sería saber qué gestión es la que uno ha hecho para que la herramienta genere resultados.

Saludos.

Luciano Alano 2.°

Estimado Juan,

Es un placer estar en contacto contigo. Te comento mi caso en particular. La influencia de LinkedIn sobre la búsqueda para contratar profesionales es muy rentable desde mi punto de vista. Tuve la suerte de ser llamado por grandes compañías internacionales gracias a LinkedIn.

Espero que mi respuesta te sirva de ayuda.

Ricardo Santiago Netto 1.°

Hola, he recibido propuestas laborales serias, también me han contactado para que envíe un currículum actualizado. Es un buen medio para conseguir empleo, pero esto no ocurre de un día para el otro, hay que hacer contactos y mantener actualizado el perfil, en algún momento aparecerá algún interesado.

Saludos.

María Teresa Jiménez Romera (Mayte) 2.°

Personalmente, pienso que el valor de LinkedIn es, más allá de constituir una excelente base de datos de perfiles profesionales, la posibilidad de interactuar en diversos grupos con múltiples intereses relacionados con la vida laboral:

1. Encontrar colaboradores.

2. Recibir solicitudes de colaboración y/o presupuestos.

3. Debatir sobre cualquier aspecto de interés: formación, desarrollo curricular, etc.

4. Emitir y/o recibir recomendaciones por un trabajo bien hecho.

Quizá existan más. Estas son las que yo he conocido hasta el momento.

También he preguntado en Facebook si las distintas redes sociales les han ayudado y los resultados son los siguientes:

- Sí, me han ayudado a conseguir entrevistas de trabajo: 10 votos.
- No: 22 votos.
- Sí, gracias a ellas he encontrado un puesto de trabajo: 7 votos.

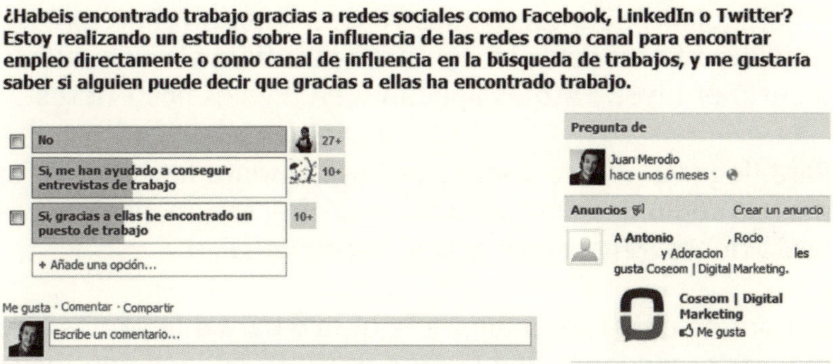

A la vista de los resultados, parece que LinkedIn y el resto de redes sociales toman fuerza día a día en materia de recursos humanos por lo que resulta de gran importancia utilizarlas en tu desarrollo profesional.

La idea es que uses LinkedIn para mejorar tu visibilidad como profesional y que identifiques a las personas de la empresa o sector en el que te interesa trabajar, con el fin de crear una red de contactos que te permita conocer todo lo que sucede y estar más cerca de la oportunidad laboral en el momento en que surja. Para ello puedes usar las herramientas de búsqueda de personas, empresas y grupos. También te ayudará dar respuesta a las preguntas: ¿quién nos puede contratar? ¿Quién nos puede aproximar, presentar o recomendar a la persona que hace la contratación?

Para empezar vamos a definir cómo funciona LinkedIn en cuanto a conexiones con contactos; para ello, debemos hablar de los grados de conexiones.

Imagina que invitas a un amigo a ser contacto tuyo, esta persona pasaría a ser un contacto de primer nivel. Si vamos al segundo nivel, ahí se encontrarían todos los contactos de este nuevo contacto nuestro que, a su vez, no son nuestros, por lo que podríamos estar conectados con todos ellos pero en un segundo nivel.

¿Cómo hacemos para contactar con ellos? Tenemos que conseguir que este contacto nuestro de primer nivel nos presente y, de esta manera, su contacto pasaría a ser uno nuestro de primer nivel. Esto es aplicable en niveles posteriores.

Para llegar a nuevos contactos básicamente hay cuatro formas de comunicación: invitaciones directas, mensajes, presentaciones y mensajes privados *(inmails)*.

Es hora de ponernos manos a la obra y para ello vamos a comenzar creándonos una cuenta gratuita en LinkedIn (www.linkedin.com) si aún no la tienes, pero si ya la creaste podemos empezar a trabajar con ella. Para ello vamos a identificar cómo está organizada, por lo que nada más entrar nos encontraremos con una pantalla similar a la imagen que aparece a continuación:

La pantalla está divida en dos zonas: la de la izquierda, en la que aparecen por defecto las actualizaciones de nuestros contactos a tiempo real, y la zona de la derecha, donde se nos da información de interés como gente que podrías conocer, estadísticas de quién ha visto tu perfil, cuántos contactos tienes, grupos que te podrían interesar y empresas a las que podrías seguir.

En esta parte es muy útil el apartado «Quién ha visto tu perfil», ya que puedes identificar con nombre y puesto quiénes lo han consultado y ponerte así en contacto con ellos si por alguna razón fuera interesante.

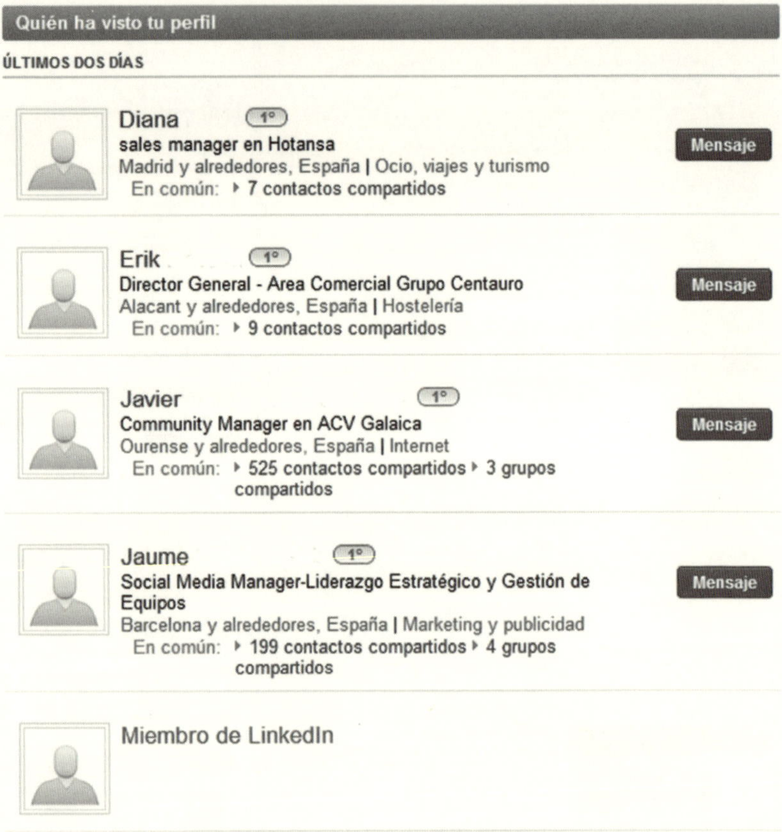

Imagínate que hace dos días enviaste tu currículum a la empresa Coca-Cola y ves que hoy el director de recursos humanos de esa compañía ha entrado en tu perfil, ¿no sería una buena noticia?

En la parte superior de la página de inicio encontramos el menú principal donde veremos aquellas secciones que nos van a resultar más relevantes en nuestro camino de búsqueda de empleo.

El primer paso es ver nuestro perfil y actualizarlo, para ello nos colocamos encima del menú «Perfil» y sobre el desplegable que aparece hacemos clic en «Editar perfil», desde ahí podremos modificar todo lo que aparecerá.

El perfil de LinkedIn es como un resumen profesional que debe destacar tus actitudes y aptitudes. Ten en cuenta que debe reflejar no solo tus trabajos y estudios, sino también quién eres, ya que es uno de los aspectos más valorados en las nuevas tendencias de reclutamiento de personal.

Lo primero en lo que debes fijarte es en la eficacia de tu perfil situado en el lado de la derecha e intentar que sea lo más alta posible, si no es así es porque hay datos que LinkedIn considera relevantes y que no tienes completados. En ese caso debes revisarlo y rellenar todo con el máximo detalle posible ya que puede marcar la diferencia entre que un profesional de recursos humanos decida fijarse en tu perfil o no. No olvides poner una foto tuya, esto es imprescindible porque un perfil de LinkedIn sin foto da muy mala imagen. Te recomiendo que elijas una foto en la que salgas transmitiendo positividad y, para ello, nada mejor que una leve sonrisa; a todos nos gusta ver a alguien sonreír, eso se transmite.

Una vez añadida la foto, haz clic en el botón «Editar» —que está justo al lado de tu nombre— y comprueba que los datos son correctos, pero debes prestar especial atención al campo «Titular profesional» ya que es lo primero que verán en tu perfil.

Es importante no que destaques tu último puesto de trabajo; intenta elegir una frase que diga en pocas palabras quién eres y qué haces. Incluye palabras clave ya que cuando se realizan búsquedas en LinkedIn sean tenidas en cuenta. Hay personas que deciden poner tres o cuatro palabras clave, yo personalmente prefiero hacer una frase que incluya alguna de esas palabras.

Si, por ejemplo, eres psicólogo un titular profesional podría ser: «Psicólogo en constante renovación. Ayudo a personas a tener una vida mejor». O, si eres una persona que trabaja en turismo, podrías escribir: «Aprendiendo y trabajando en turismo desde hace diez años: compañías aéreas, agencias de viajes, hoteles, etc.».

Estos son algunos ejemplos que no reflejan ni dónde trabajan ni qué hacen exactamente, pero sí dicen quiénes son y sí llaman la atención, lo que invita a seguir leyendo.

Volvemos a nuestro perfil personal y vemos que todavía nos queda bastante por completar. Sigue adelante porque esto es solo el principio de algo bueno que vendrá. Para ir completando cada campo haz clic en el lápiz azul y podrás ir introduciendo los datos de cada sección.

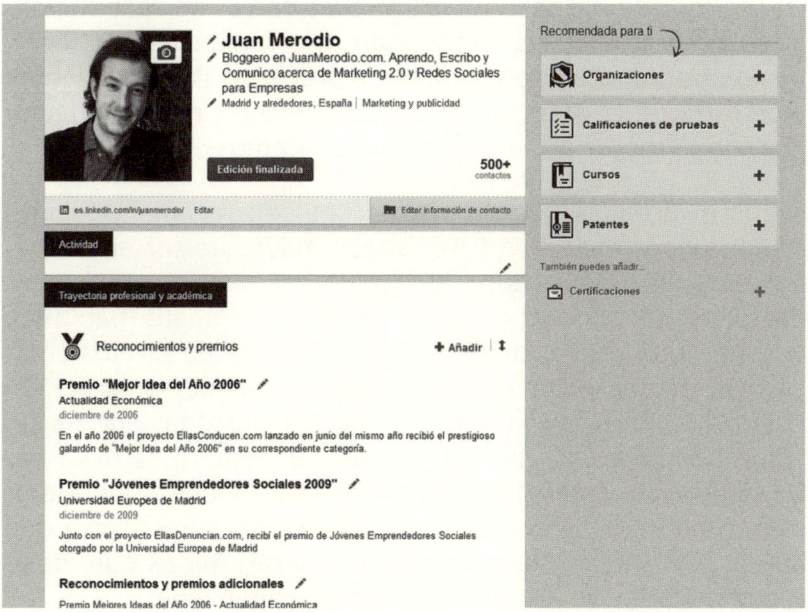

Si actualmente no tienes trabajo deja sin rellenar la opción «Puesto de trabajo actual» y dedícate a completar puestos de trabajo anteriores, destacando qué hacías y dónde, por ejemplo: abogado especializado en Derecho Laboral en Wambo Lawyers.

Ahora toca describir nuestra formación; incluye todo aquello que consideras relevante para tu búsqueda de trabajo, indicando con detalle qué hiciste y dónde lo cursaste.

Las recomendaciones son uno de los apartados a los que debes prestar especial atención: no se trata de pedirlas al azar, sino de localizar en primer lugar a aquellas personas que queremos que nos recomienden por nuestros trabajos en el pasado, ya sea un antiguo jefe, compañero de trabajo o de equipo. Selecciona con cuidado a quién vas a elegir: vale más la calidad que la cantidad. Después, haz lo mismo con tus trabajos más recientes.

En realidad se parecen a las antiguas cartas de recomendación, pero gracias a LinkedIn son más fáciles de gestionar. No solo es importante ser un buen profesional, sino también mostrarlo de cara a los demás, para eso las recomendaciones son la mejor arma con la que contamos.

Según el propio LinkedIn los perfiles con recomendaciones tienen una probabilidad tres veces mayor de ser encontrados a través del buscador, ya que una persona con recomendaciones es más interesante profesionalmente hablando que una que no las tiene. Lo que no dista de la vida real, ya que cuando estás buscando trabajo las personas de recursos humanos investigan para buscar personas que hayan trabajado contigo y que puedan avalar positivo de tu tarea. De hecho, si en igualdad de condiciones tienen que elegir entre una persona con buenas recomendaciones y otra que no las tiene, está claro que se inclinarán por la que viene recomendada, de ahí su importancia en LinkedIn.

Cuando alguien te hace una recomendación, esta se refleja en todos los contactos del recomendador y del recomendado, por lo que si recibes una recomendación de un antiguo jefe que tiene 350 contactos en LinkedIn, todos ellos recibirán la misma información.

Tu primer trabajo en este aspecto consiste en seleccionar a las personas de las que quieres recibir una recomendación y enviarles una petición. Recuerda que cuanto más específica sea la recomendación mayor impacto tendrá, así que valora bien a quién se la vas a pedir ya que el objetivo es que aporte información clara y útil de tu trayectoria profesional. Incluso puedes orientarle sobre qué tema en concreto deseas que te haga la recomendación. Por ejemplo, imagina una chica llamada Victoria que lleva muchos años trabajando en compañías aéreas y ha decidido solicitar una recomendación a sus antiguos jefes, de sus trabajos anteriores. Intentará pedirles a cada uno algo distinto puesto que no todos los trabajos son iguales. Imagínate que, por ejemplo, cuando trabajó en una compañía aérea en el aeropuerto en el departamento de ventas, a su jefe de ese momento le pide una recomendación acerca de su capacidad de ser resolutiva en momentos de conflicto en el cara a cara que han sucedido en el aeropuerto con clientes y soluciones rápidas dadas con el fin de convertir a un cliente enfadado en uno contento.

La mejor manera de saber lo que necesitas es investigar primero si otros compañeros del sector tienen recomendaciones y, en caso afirmativo, de qué tipo son las que tienen publicadas.

Según los reclutadores de personal, analizan en cada perfil qué recomendaciones ha recibido y cuáles ha hecho, con el fin de hacerse una idea más real de quién es.

Para pedir recomendaciones debes dirigirte a «Solicitar una recomendación» y seleccionar a la persona a la que se lo vas a enviar, pero antes de hacerlo revisa el texto del mensaje; verás que por defecto LinkedIn pone uno, pero lo mejor es cambiarlo y crear un texto distinto para cada recomendación, ya que así garantizas que cada una será diferente.

Por ejemplo, si has sido comercial en una aerolínea y quieres pedir una recomendación a tu anterior jefe, puedes enviarle un mensaje tipo:

> Hola Manuel,
>
> Te envío este mensaje para pedirte una breve recomendación sobre mi trabajo en la aerolínea durante estos dos años y poderla incluir en mi perfil de LinkedIn.
>
> Gracias por tu ayuda.

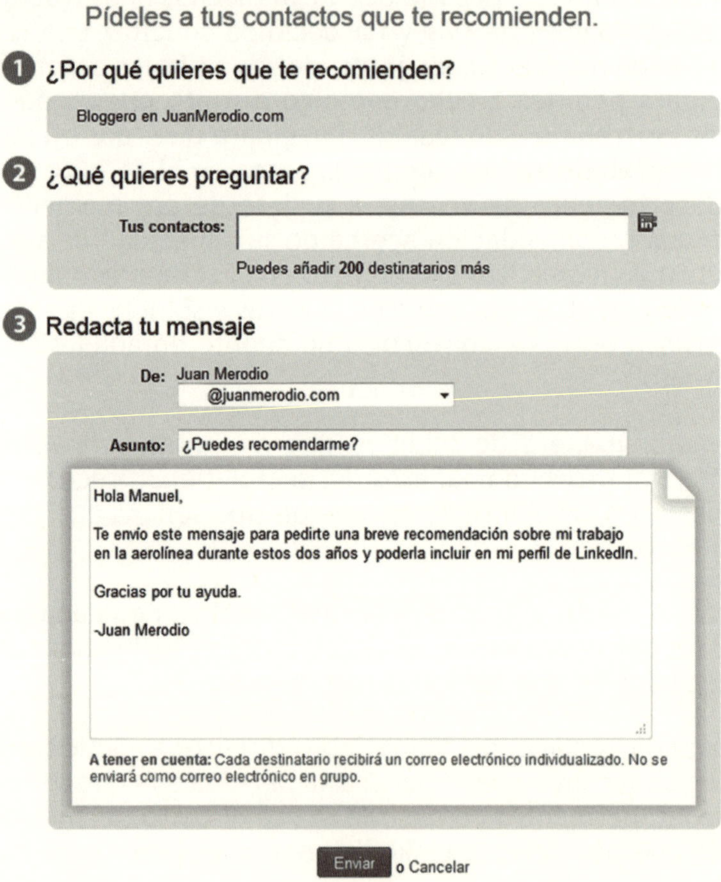

Posteriormente, para gestionar las recomendaciones debes dirigirte dentro del menú «Perfil» al submenú «Recomendaciones» para comprobar si tienes alguna y, si no la tienes, será el momento de revisar las solicitudes remitidas.

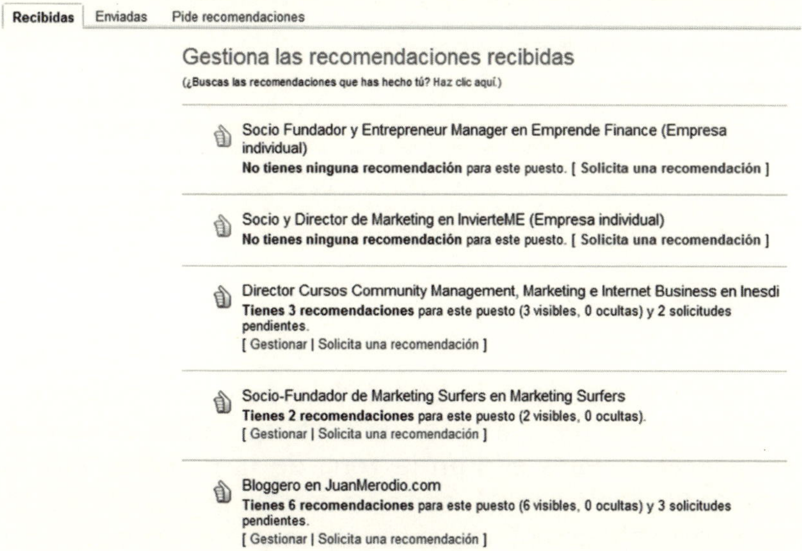

Es recomendable hacer amigable la URL de tu perfil de LinkedIn, es decir, que esté optimizada con tu nombre, para ello vete a tu perfil y entrando en «Editar» podrás cambiarla.

Como verás, la que viene por defecto es muy larga y se hace más complicado compartirla por lo que debería quedar algo como http://linkedin.com/jonas-martin.

El siguiente paso consiste en describir un extracto nuestro; es el resumen completo de tu currículum en pocas líneas o, dicho de otro modo, un resumen ejecutivo de tu trayectoria profesional para que, de forma rápida, cualquier persona pueda tener una idea global de quién eres como profesional.

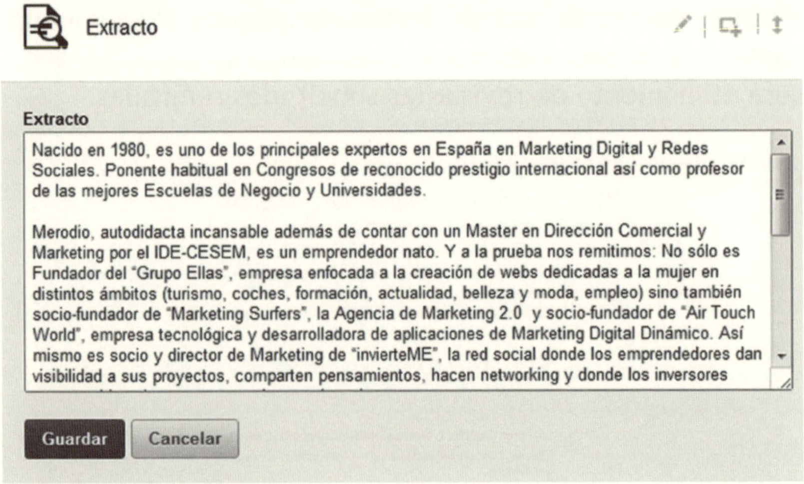

Ya hemos completado lo básico del perfil pero debemos ir más allá para llegar a tener un perfil que ellos denominan «eminencia». Para ello en la zona de la derecha, cuando estás editando tu perfil, se te irá informando sobre qué es recomendable completar, si te falta algo de formación, aptitudes, conocimientos, etc.

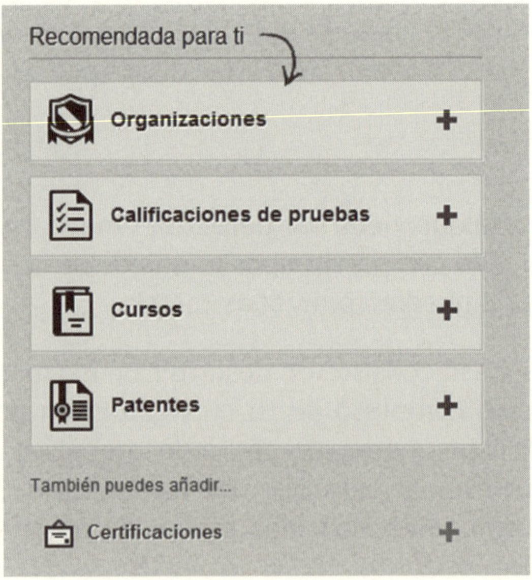

Antes de dar por finalizado tu perfil revisa las siguientes recomendaciones para comprobar si aún puedes mejorarlo más:

- Pon la máxima información posible sobre cada trabajo, no te quedes solo en nombrar el puesto, detalla también tus funciones.

- Si hablas varios idiomas, indícalos —así como el nivel— y créate el perfil al menos también en inglés.

- En especialidades incluye las palabras claves relacionadas con el puesto que te interesa encontrar: diseñador multimedia, productos discográficos, comercial de seguros, etc.

- Revisa que todo sea correcto desde el punto de vista gramatical y que no haya faltas de ortografía.

- Evita en tus descripciones frases egocéntricas como: experto en análisis de datos.

Cuando ya tengas todo el perfil bien completo es recomendable incluir en la firma de tu correo electrónico un enlace directo a tu perfil de LinkedIn, de esta manera aumentarás la posibilidad de que tus contactos lo vean.

2. Con el perfil completado es hora de ponernos manos a la obra

Una vez has completado tu perfil con el máximo grado de detalle, ya puedes ponerte a buscar trabajo y a contactar con gente con la que puedes tener algún vínculo de interés. Eso sí, recuerda que uno de los aspectos más importantes en LinkedIn —y del que depende gran parte del éxito— es no usar los mensajes estándar que hay, por lo que cualquier mensaje que envíes debe ser totalmente personalizado incluyendo el nombre de la persona, dónde os conocisteis, etc.

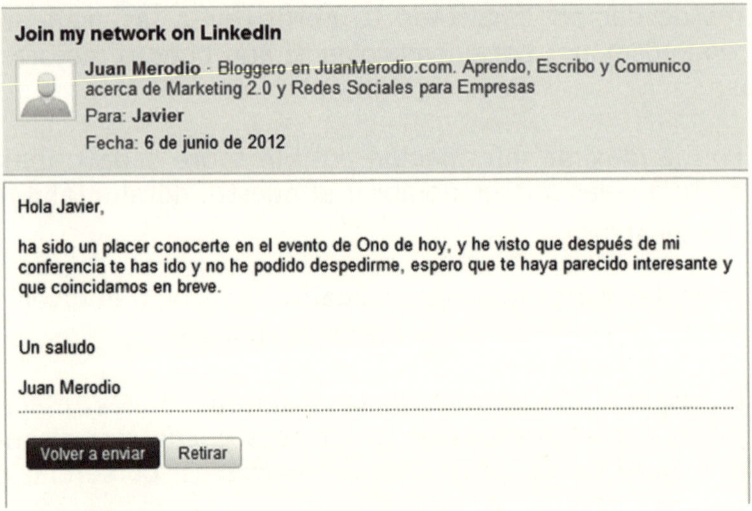

3. Comenzando a construir tu red de contactos

Una primera buena estrategia es conectarte con personas que ya tienes en tu agenda de contactos, ya sea de Gmail o Outlook. Para ello te dirigirás al menú «Contactos -> Añadir contactos»; allí tendrás la posibilidad de cargar un archivo de contactos que puedes exportar directamente de tu agenda de Outlook y así solicitar su contacto por LinkedIn.

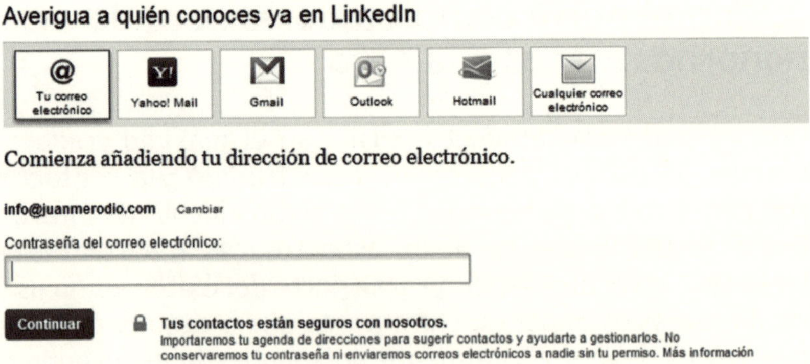

Ahora haz clic en «Contactos» y, dentro de él, en el submenú «Contactos», en el que veremos a todos nuestros contactos y podremos hacer filtros de búsqueda.

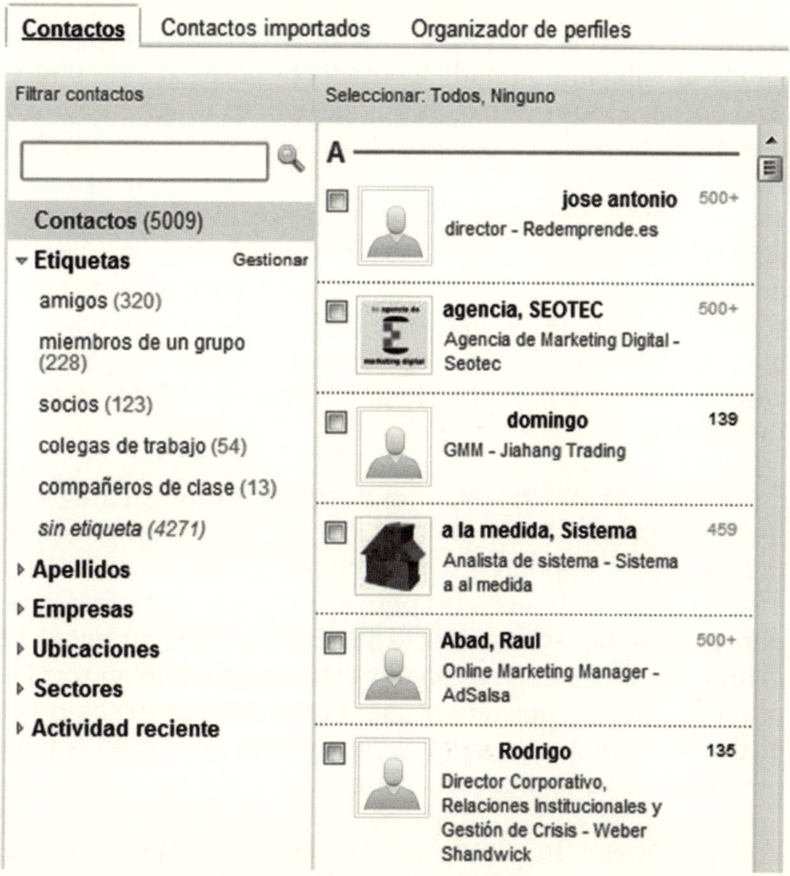

Podemos realizar filtros por nombre, palabra clave, localización, empresa, etc. Imagina que tienes un contacto que trabaja en recursos humanos pero no recuerdas su nombre; podrías buscarlo por recursos humanos, apellidos, empresa en la que trabaja, ubicación geográfica o sector.

Una opción que LinkedIn permite es exportar tus contactos a un archivo. Para ello en esta misma sección en la parte inferior derecha debes buscar el mensaje «Exportar contactos» y te aparecerá la opción de tenerlos todos almacenados en un archivo Excel o importarlos a tu sistema de correo Outlook.

Dentro del menú «Contactos» de la parte superior nos dirigimos al submenú «Añadir contactos» desde donde podremos buscar a otras personas que queremos tener en nuestra red. Puedes enviarle una invitación por correo electrónico, tal como te sugiere Linkedln, pero la mejor manera es ir segmentando por grupos. Para ello nos dirigimos al menú general «Contacto» y empezaríamos por la opción «Colegas de trabajo» que te muestre a antiguos compañeros o personas que trabajan o han trabajado en la misma empresa que tú (estos resultados dependen de lo que pongas en la configuración de tu perfil, de ahí la importancia de completarlo bien).

En la zona de la izquierda aparecerán distintas categorías para que puedas ir filtrando, por ejemplo, las empresas en las que has trabajado e ir seleccionando una a una, viendo en el lado de la derecha las personas de esa empresa con las que todavía no estás conectado. En este punto revisa con calma a quiénes quieres añadir a tu red, ya que no sería la primera vez que por un antiguo compañero de trabajo con el que no hablabas hace años de repente consigues la llave para acceder a un nuevo trabajo.

Una vez hemos solicitado la conexión con colegas de trabajo filtramos la pestaña de «Antiguos alumnos» desde la que, siguiendo el mismo procedimiento, puedes estar en contacto con antiguos compañeros de colegio, universidad o máster, y así sucesivamente con todas las categorías que te interese filtrar.

De estas búsquedas encontrarás personas con las que por alguna razón puede resultarte útil estar en contacto, comprueba con calma quiénes son, leyendo su perfil y decide si te interesa contactar con ellos para tu red.

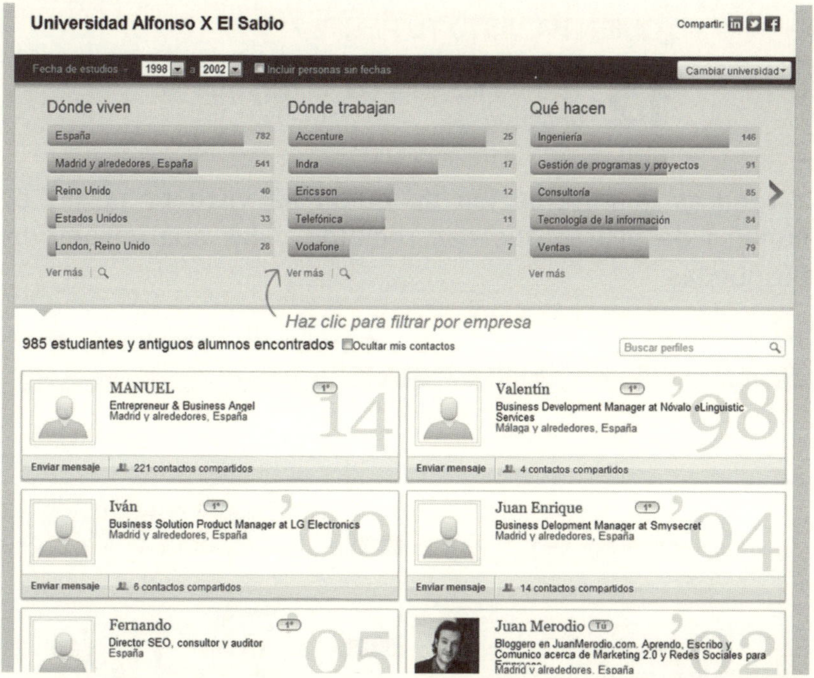

Es importante que a la hora de solicitarles pertenecer a tu red les escribas un mensaje personalizado diciendo por qué quieres contactar con ellos. Lo mismo deberías hacer en el caso de las personas que te soliciten contactar a ti: cuando los aceptes dales la bienvenida personalmente y abre una nueva vía de comunicación más fluida, que no se quede solo en un contacto más.

Una buena opción es intentar desvirtualizar a tus contactos en la medida en que te sea posible, es decir, conocerlos en persona aunque solo sea para tomar un café, poneros cara y comentar impresiones o posibles puntos de colaboración. La experiencia me ha demostrado que esto funciona muy bien a largo plazo, ya que todo contribuye a construir poco a poco tu red de contactos profesional.

Ahora es el momento de conocer más datos sobre quién visita nuestro perfil. Para ello, en la página de inicio haz clic en «Tu perfil fue visto por...».

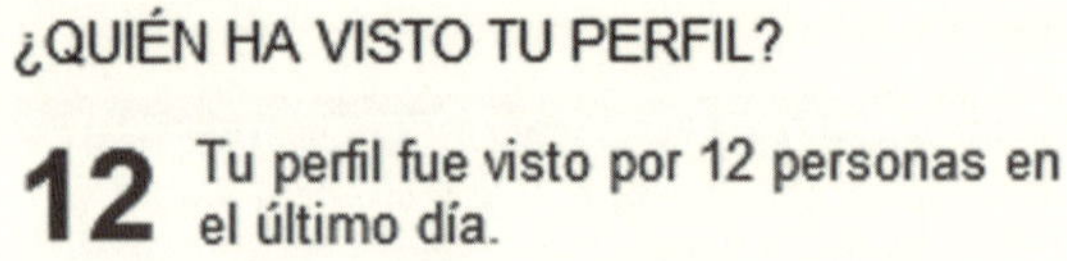

Y tendrás la información de quién ha visto tu perfil, el número de visitas que has recibido y las apariciones en búsquedas.

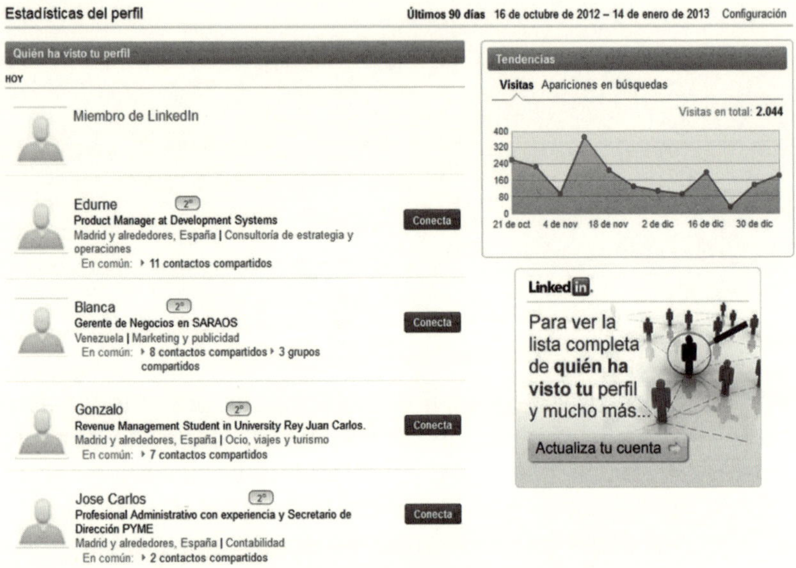

A continuación nos dirigiremos a la pestaña «Grupos» y ahí podremos ver a qué grupos estamos conectados, ya que tenemos la opción de participar en los ya existentes o crear uno nuevo.

Los grupos son una de las herramientas más potentes que tiene LinkedIn puesto que permite agrupar a personas que comparten los mismos intereses y/o conocimientos.

Entrando en el menú «Grupos» verás una opción llamada «Grupos que te podrían gustar» y en ella encontrarás posibles grupos a los que quizá te interese unirte. Por defecto

LinkedIn analiza tu comportamiento para recomendarte lo más afín a ti, por lo que este debe ser el primer paso para encontrar grupos a los que unirte.

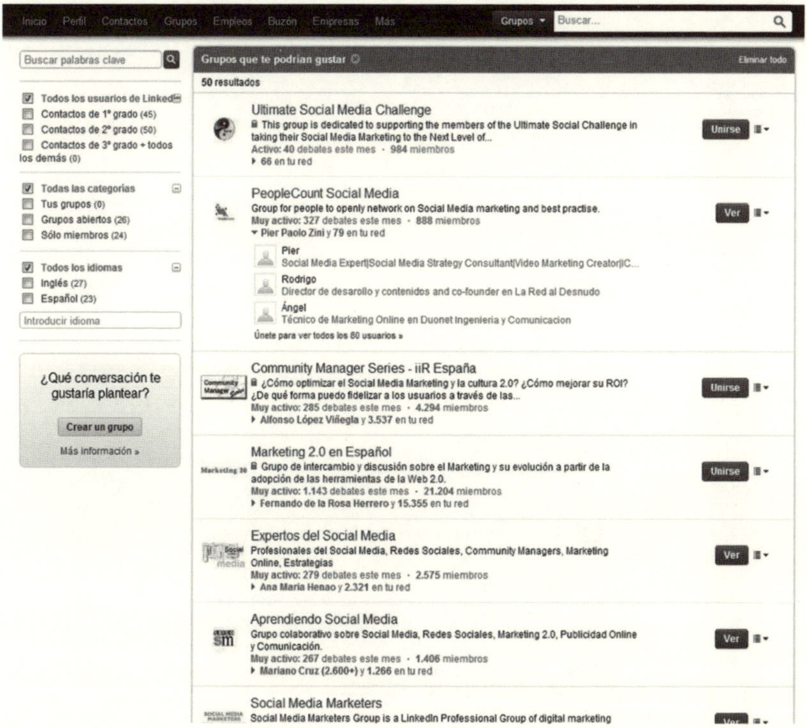

A continuación, dirígete al directorio de los grupos en el que podrás buscarlo por idioma, categorías, contactos o palabras clave. Utilizando esta última opción realiza búsquedas distintas con las palabras clave que añadiste en tu perfil en el apartado «Especialidades». Puedes complementarlo con otras búsquedas relacionadas para encontrar los grupos.

Si, por ejemplo, quisiéramos buscar grupos relacionados con el sector de las aerolíneas, tanto en español como en inglés, podríamos comenzar por la búsqueda abierta de la palabra *airlines* y veremos que nos devuelve 591 resultados de grupos relacionados.

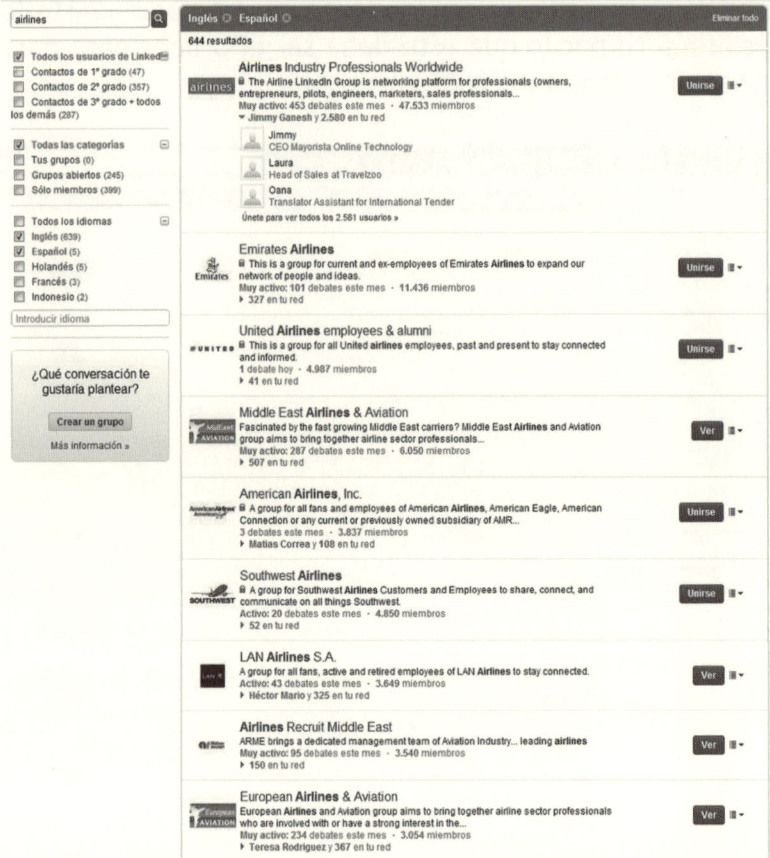

Revisa uno por uno los grupos para decidir en cuál participar. Habrá algunos que serán privados y tengas que solicitar admisión primero y otros públicos, en los que entrarás de manera directa. No se trata de unirse a todos los grupos que veas, sino de seleccionar en una primera fase aquellos que más te pueden interesar y, siempre pensando en que vas a tener capacidad de participar asiduamente, es preferible estar activo en cinco grupos que estar en 20 casi sin actividad.

Imagínate que haces clic sobre el grupo Airlines Industry Professionals Worldwide para ver más información y descubres que usuarios de tu red de contactos están en él, cuándo se creó y quién lo hizo, cuántos usuarios hay, etc. Si todo esto te encaja en tu estrategia entonces es el momento de pinchar en el botón «Unirse al grupo».

Una vez hayas entrado o hayas sido aceptado es hora de comenzar a participar. Piensa siempre en cómo puedes aportar valor, no te conviertas en alguien que habla siempre de sí mismo o de su empresa; intenta aportar ideas, comentarios y noticias de interés general.

Lo primero que verás en el grupo son los debates. Podrás abrir uno nuevo o participar en alguno ya creado, pero tendrás otras opciones para ver a los miembros del grupo y contactar con ellos, conocer promociones que se hacen dentro del grupo o dirigirte a la pestaña «Empleos del grupo» en la que encontrarás tanto ofertas de empleo disponibles como debates sobre empleos.

4. Crea grupos tú mismo

Otra buena opción es crear tú mismo un grupo si este no existe; imagínate que eres un arquitecto dedicado al diseño de espacios de trabajo hechos con materiales reciclables y no hay ningún grupo que esté hablando de ello. Sería el momento ideal para crearlo e ir construyendo una comunidad en la que se den cita otros arquitectos, potenciales clientes, personas amantes del diseño, decoradores, etc.

Para crear un grupo debes dirigirte a la opción «Crear grupo» e ir completando los siguientes campos:

- Logotipo: asegúrate de que tienes los derechos de autor de la imagen que subes.

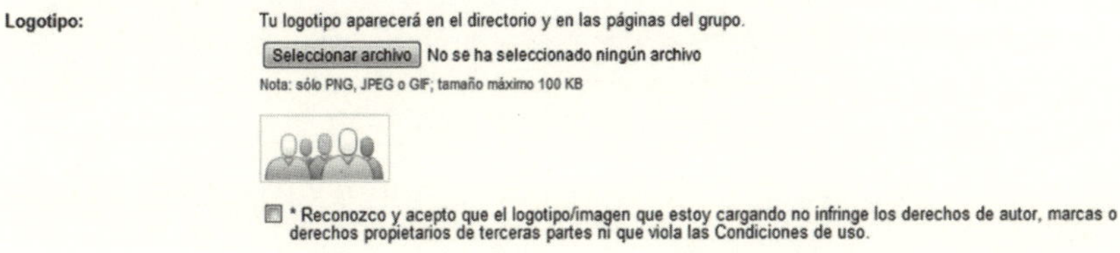

- Nombre de grupo y tipo: escoge el nombre que mejor identifique tu grupo, ten presente incluir en él las palabras clave más destacadas (por ejemplo, arquitectos diseño de oficinas, materiales reciclables).

Debes seleccionar también el tipo de grupo en función del objetivo; puedes elegir entre grupo de antiguos alumnos, corporativo, de conferencia, de *networking*, sin ánimo de lucro, profesional u otro.

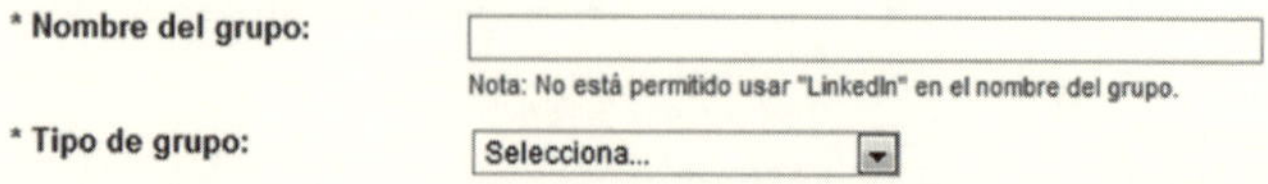

El siguiente paso es describir el objetivo del grupo y hacer un resumen que se verá en el directorio de búsqueda de grupos. Si tienes una página web o blog relacionado, añade también su dirección web.

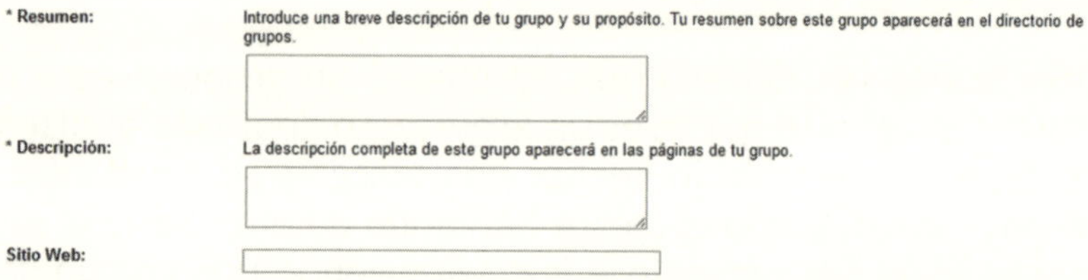

¿Quieres que el grupo sea abierto o no? Debes decidir si deseas que cualquier usuario se pueda unir de manera automática al grupo o si, por el contrario, prefieres que soliciten unirse y que tú puedas decidir si aceptarle o no.

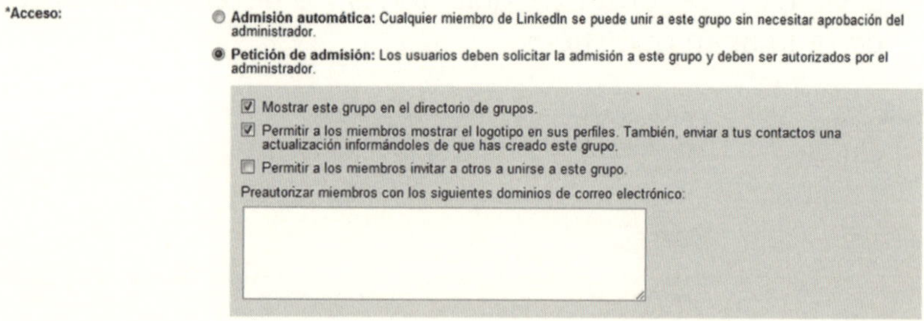

Elige el idioma principal del grupo, si quieres definir alguna ubicación geográfica o anunciarlo en alguna cuenta de Twitter. Por último, debes elegir si deseas que el grupo sea abierto —es decir, en el que otros usuarios puedan compartir los debates— o que solo sean los miembros del grupo quienes puedan hacerlo.

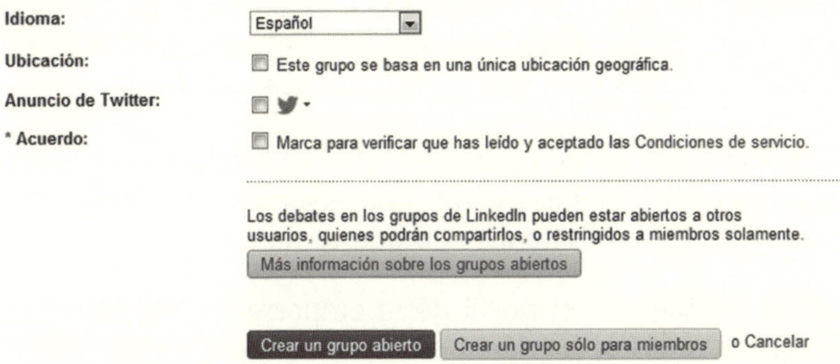

Las principales diferencias entre ambos tipos de grupos las detalla LinkedIn en el siguiente cuadro, en el que como verás los grupos abiertos tienen más posibilidades de viralizarse.

Benefit	Open group *NEW*	Members-only group
Discussion visibility	**Anyone***	**Members only**
Indexing by search engines	**Yes**	**No**
Sharing to Twitter and Facebook	**Yes**	**No**
Anyone on LinkedIn can contribute	**Manager option**	**No**

5. Buscando empleo en LinkedIn

Imagínate que navegando por Internet ves una oferta de trabajo de jefe de ventas, en la que crees que tienes posibilidades de encajar y que quieres enviar tu currículum.

¿Qué harías? ¿Apuntarte? Eso es lo que hace todo el mundo y las posibilidades de que te llamen se reducen mucho, por lo que la mejor opción es aprovechar las herramientas que a día de hoy tenemos disponibles —como LinkedIn— e intentar llegar al director de Recursos Humanos de esa compañía. Para ello podemos ir al buscador avanzado, filtrar por nombre de la compañía y buscar al menos dos contactos que trabajen en ella, con independencia del nivel de cercanía a ti. Trata de que esa persona te presente al director de Recursos Humanos para que la entrada sea más suave.

Una vez estés en contacto con él pregúntale por la oferta que has visto y dile que estás interesado en ella. Esto podría aumentar las posibilidades de que te llamen.

Entra también en el perfil de la empresa en LinkedIn para la que has visto la oferta e infórmate sobre ella, podrás detectar si alguno de sus empleados son contactos tuyos de primer o segundo nivel. La encontrarás dirigiéndote al buscador y marcando la opción «Empresas».

Una vez entres en la página de empresa puedes ver el número de personas que la siguen. Lo primero que debes hacer es «seguirla» para estar informado de todo lo que sucede con respecto a ella y navegar por sus secciones para ver qué información facilitan.

Además puedes configurar cómo quieres las notificaciones accediendo a «Configuración».

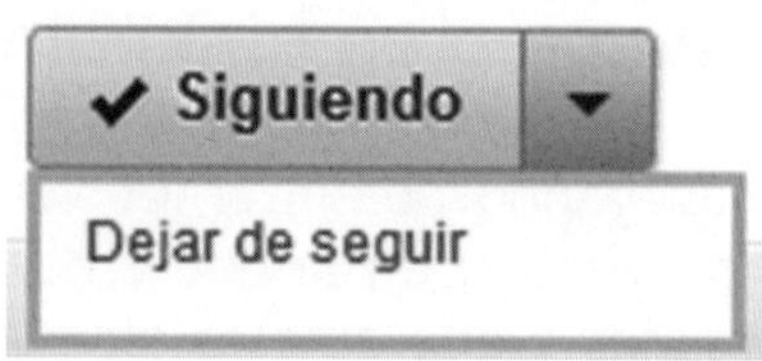

En la pantalla podrás elegir la frecuencia con la que quieres ver la información (lo ideal es diariamente) así como el tipo de actualizaciones de las que te gustaría estar informado ya sean empleados que entran, que ascienden, nuevas ofertas de empleo, etc.

Es importante que consultes esta información a diario para estar a la última de todo lo que hace la empresa en la que te interesaría trabajar o porque trabajas en, para o con ella y quieres estar al tanto de lo que sucede.

También es interesante que sigas a empresas del sector para estar informado de todo lo que hacen, conocer las últimas tendencias, etc.

A continuación, mira si tienes usuarios que te conectan con alguien de la compañía. En el ejemplo que he puesto podemos ver cómo hay 1.301 contactos de segundo grado que me permitirían contactar con ellos. Es lo que debes hacer ya que LinkedIn es solo la herramienta que te permitirá llegar a ellos, después deberías intentar siempre conocer personalmente a la persona que te interese.

Es importante que en esta página busques los contactos que te vinculan a la empresa y que además se han graduado en la misma universidad que tú o tienen alguna otra relación contigo, lo que te dará más opciones. Para ello haz clic en «Ver todo» y establece los filtros que consideres oportunos.

Dentro de la pestaña «Información» puedes encontrar más datos interesantes (como otras empresas del sector que vieron los usuarios que, a su vez, también vieron esta).

Nuevos cargos recientes en la compañía.

EMPLEADOS CON NUEVOS CARGOS

Bob M.
Vice President, Asset Management
Anteriormente Vice President, IBM Software Services for Lotus

Gil S.
Cto, Fss
Anteriormente CTO, Integrated Technology Services (ITS)

Mayank K A.
Cfo, Software Business, India/South Asia
Anteriormente General Manager, Finance & Operations

Jonathan F.
Vice President, Smarter Workforce
Anteriormente Vice President HR, Workforce Analytics

Dónde trabajaron los empleados con anterioridad y a qué empresa se fueron después.

PROCEDENCIA DE LOS EMPLEADOS

Hewlett-Packard (3171)
Accenture (2784)
PwC (2697)
Oracle (2170)
Tata Consultancy Services (1994)

O cuáles son las aptitudes más importantes que tienen.

APTITUDES Y ESPECIALIDADES PRINCIPALES

AIX
DB2
Websphere
Cloud Computing
Solution Architecture

Otra información que puedes obtener es ver las empresas que están contratando gente. Para ello, dirígete al menú «Empresas», picha en la pestaña «Busca empresas» y verás que en la izquierda te aparece la opción «Matizar por» con la que puedes realizar filtros.

En primer término, selecciona el lugar o lugares en los que buscas el trabajo; a continuación, activa la casilla «Contratando en LinkedIn» y, por último, selecciona el sector o sectores que te interesan, verás que aparecen las empresas que con ese filtro están contratando en LinkedIn. En el ejemplo de la siguiente imagen hemos hecho un filtro para España de empresas de servicios y tecnología de la información y nos aparece que hay 39 compañías que están contratando en ese momento.

Pero aún podemos ir más allá y, si entramos en el filtro «Relación», podemos seleccionar para ver los contactos de primer y segundo nivel que tenemos en cada una de esas empresas para acercarnos más a ellas.

Zona de empleos

Debes revisar en paralelo la sección de empleos para ver qué ofertas hay, para ello una vez dentro escribe en el buscador las palabras claves relacionadas con el empleo que buscas, por ejemplo, si estás buscando en el sector de los servicios y tecnología de la información haz una búsqueda con la palabra «tecnología» y podrás ver las distintas ofertas y guardar esta alerta de búsqueda para que nos informe de las nuevas ofertas.

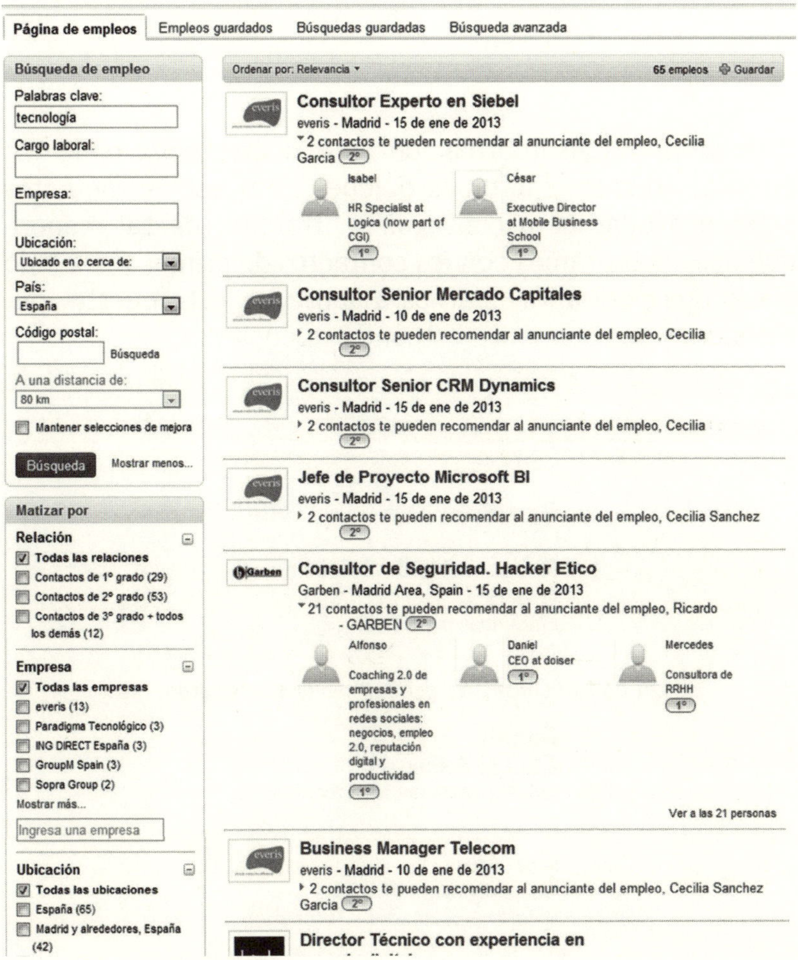

Vamos a centrarnos en la oferta de consultor de seguridad de Garben.

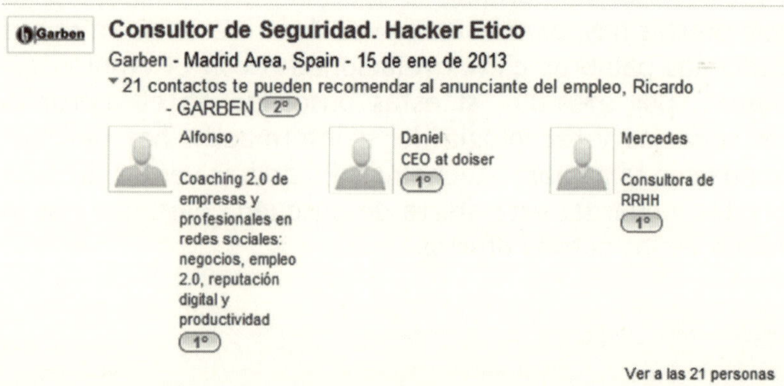

Obtendremos más información sobre la oferta haciendo clic en ella. Además, sabremos quiénes de nuestros contactos pueden ayudarnos a conseguir el trabajo, de tal manera que nos encontramos con los contactos de primer y segundo grado que podrían ayudarnos a conseguir este puesto, poniéndonos directamente en contacto con ellos.

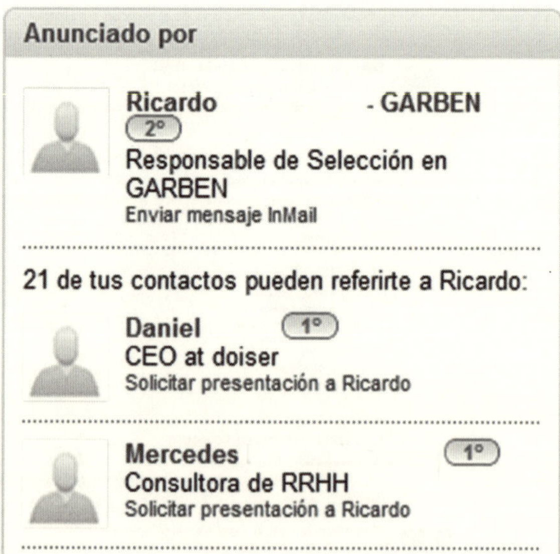

6. Identifica a los reclutadores más importantes de tu sector

Los reclutadores o *recruiters*, las personas dedicadas a la captación de talento para puestos de trabajo, son muy activos en redes sociales como LinkedIn, por lo que debes estar en contacto con ellos como estrategia dentro de tu búsqueda de empleo.

Para contactar con ellos, debes dirigirte a la parte de búsqueda avanzada del buscador de gente, seleccionar el sector en el que te interesa trabajar, escribir como palabras claves «recursos humanos» y descubrirás a las personas que te pueden ayudar en tu búsqueda de empleo.

Puedes optar primero por hacer una búsqueda más amplia y después ir seleccionando las características que más te interesan.

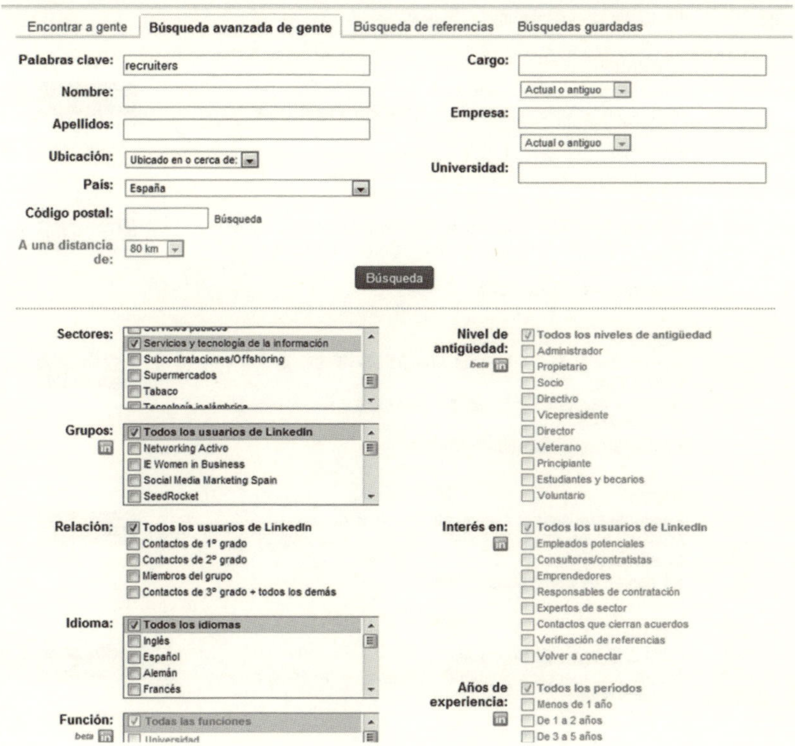

Imagínate que estamos buscando trabajo en el sector de la automoción y al hacer la búsqueda encontramos 23 resultados con personas relevantes del sector en recursos humanos dentro de los servicios y tecnología de la información.

7. ¿Debo suscribirme a la versión de pago de LinkedIn para encontrar trabajo?

En principio no es necesario, debes valorar en tu caso qué te interesa más, pero recuerda que para ganar dinero primero hay que invertirlo y lo que he podido comprobar es que la versión de Job Seeker mejora tu visibilidad como profesional de cara a las empresas que están buscando y te ofrece estadísticas más detalladas que pueden serte útiles.

8. Resumen de cosas que debes hacer a diario en LinkedIn

- Comprueba LinkedIn Today: www.linkedin.com/today.
- Usa el buscador avanzado de empleo.
- Entra en los grupos a los que estás inscrito para leer y participar en las conversaciones.
- Actualiza tu estado.

9. Zona de preguntas y respuestas

LinkedIn cuenta con un apartado de preguntas y respuestas categorizado en función de tu perfil profesional, por lo que te sugiere las categorías más afines a ti.

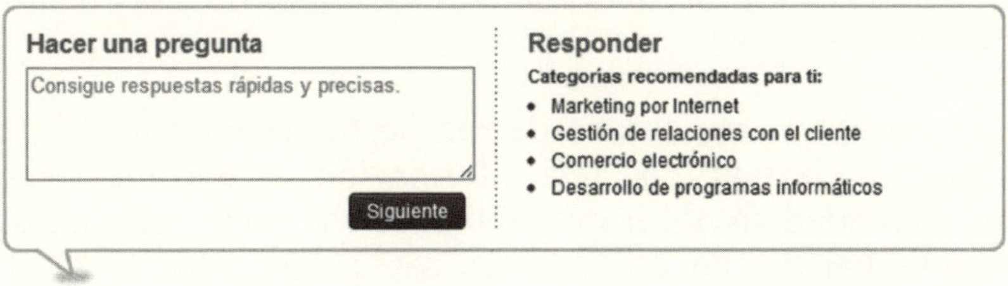

¿Para qué puedes usar esta sección? Te puede resultar útil si quieres mejorar tu visibilidad en la red como experto en algún tema y decides ayudar a dar respuesta a preguntas que plantea la gente. También sirve para encontrar respuesta a aquellas preguntas que seguro que en más de una ocasión no consigues resolver solo; eso sí, recuerda en la medida de lo posible seguir la regla del 80/20, es decir, dar cuatro respuestas por cada pregunta que haces, de esta manera siempre ofrecerás más de lo que recibes, al menos al principio, ya que después verás cómo día a día recibes cada vez más del contacto con otro usuarios.

Puede que te preguntes por qué debes responder a preguntas de otras personas que ni siquiera conoces. La razón es la misma regla del 80/20, la de dar más de lo que tú recibes, ya que cuanto más des más recibirás y, si lo haces así, en el futuro recibirás por diferentes vías, además de que a cuantas más preguntas contestes, mayor visibilidad tendrás en el sector en el que te interesa posicionarte, puesto que al lado de tu respuesta aparecerá tu nombre enlazado a tu perfil de LinkedIn.

Una práctica que debes eludir es utilizar las preguntas y respuestas para decir que estás buscando trabajo, no hagas nunca preguntas del estilo: «estoy buscando trabajo como recepcionista de un hotel, ¿alguien puede ayudarme?». Hay que evitarla porque no solo no conseguirás tu objetivo de encontrar trabajo, sino que probablemente el resto de usuarios reporten a LinkedIn la pregunta como inapropiada y será eliminada. Recuerda que, como hemos visto antes, LinkedIn tiene otras secciones enfocadas en la búsqueda de empleo.

Cuando entras en la zona de respuestas te encontrarás la siguiente pantalla con una información en portada como la posibilidad de hacer directamente una pregunta, ver las que se han hecho en distintas categorías, realizadas en otros idiomas, preguntas recientes o quiénes son considerados los mejores expertos de la semana (espacio en el que, si participas de forma activa y atinada, llegarás a formar parte).

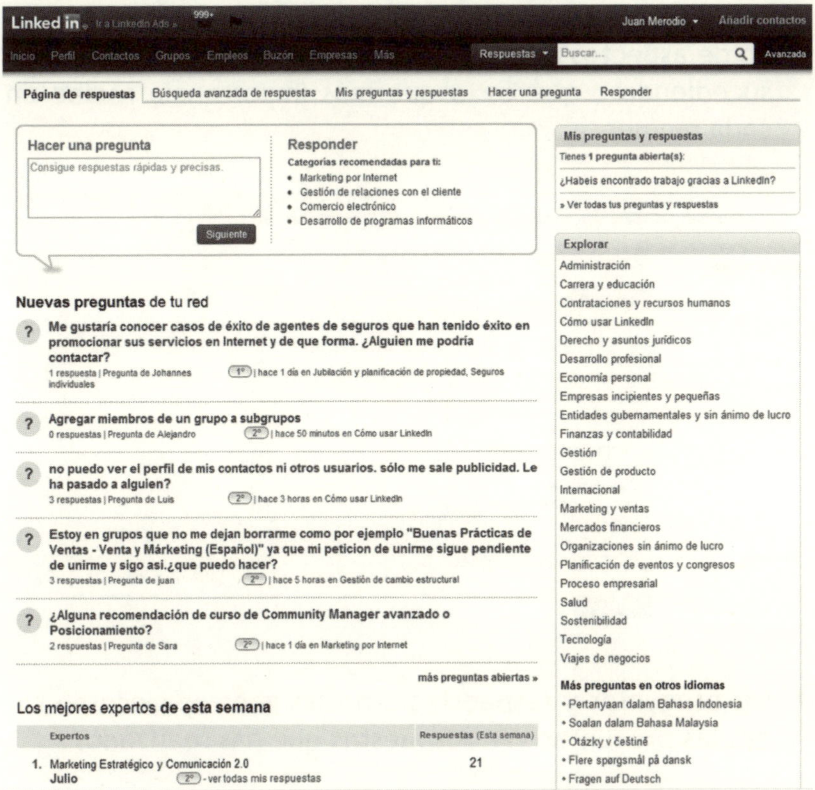

Existe un submenú con las opciones de búsqueda avanzada de respuestas, mis preguntas y respuestas, hacer una pregunta y responder. A continuación, detallo lo que nos ofrece cada una de ellas:

- Búsqueda avanzada de respuestas: en este apartado podrás filtrar y buscar las preguntas por palabras clave o categorías, y decidir si quieres ver solo preguntas que no están contestadas o todas. Los resultados se mostrarán por fecha, apareciendo primero las preguntas más recientes.

Este apartado resulta muy útil para mantenerte informado de aspectos relacionados con tu sector y ver qué está sucediendo o qué es lo que más importancia recibe en cada momento.

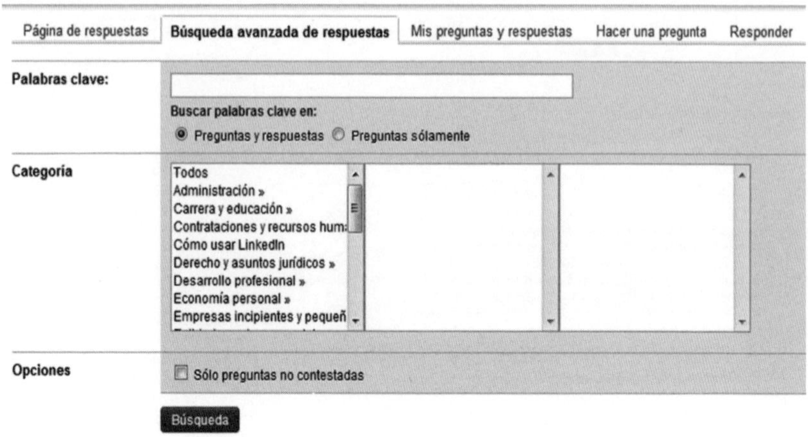

- Mis preguntas y respuestas: en esta zona aparecerán todas las preguntas y/o respuestas que has realizado.

- Hacer una pregunta: desde aquí podrás formular la pregunta que consideres oportuna y decidir si quieres que sea pública o que solo vaya dirigida a determinados contactos, no pudiendo superar los 200. Una funcionalidad muy útil es poder segmentar la pregunta por ubicación geográfica, de manera que puedes decir que una pregunta que has hecho la vean solo contactos de España que residen en el código postal 28015 o contactos residentes en el código postal 90005 que pertenecería a Los Ángeles (Estados Unidos).

Las preguntas permanecen abiertas siete días desde que se publican y de manera automática se cerrarán al séptimo día, pudiendo volver a abrirla o, incluso, cerrarla antes de que finalice el plazo.

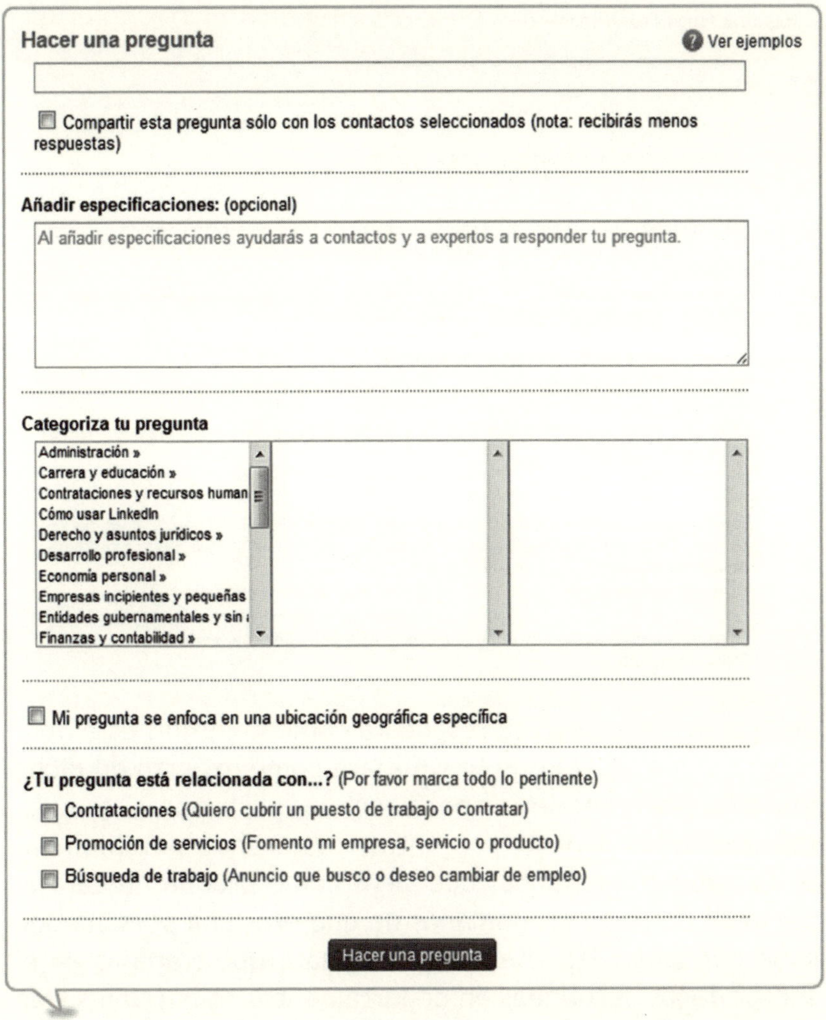

- Responder: aquí encontrarás el listado de todas las preguntas para que puedas responder a las que quieras. Aparecen presentadas por defecto en función de los grados de separación de cada contacto contigo, es decir, que una pregunta de un contacto de primer nivel aparecerá más arriba que la de uno de segundo nivel, aunque también puedes cambiar y hacer que se presenten en función de fechas.

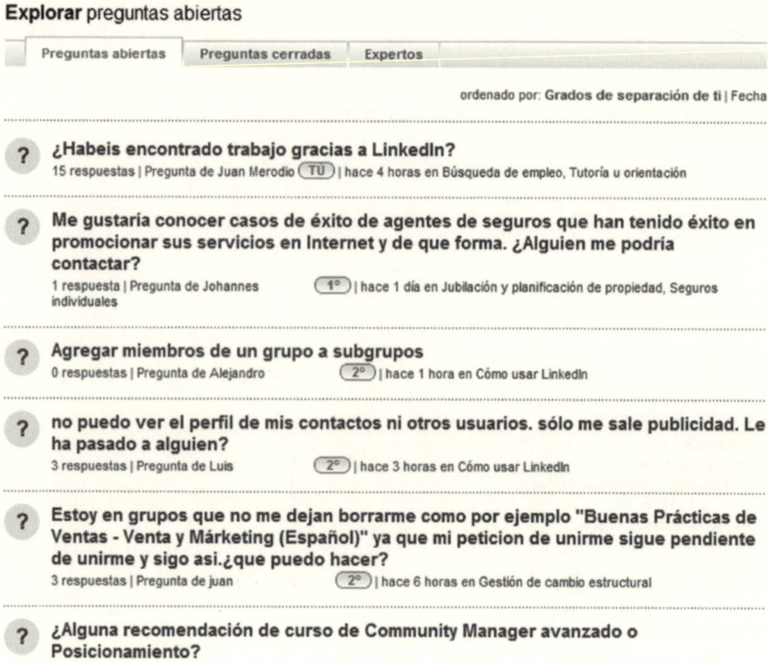

Si alguien seleccionó tu respuesta como la mejor, esta aparecerá como tal, lo que te reflejará como experto en dicha materia, aparecerá en tu perfil y en las posteriores respuestas que dejes a otras preguntas, mejorando notablemente tu *expertise* pública, que sirve como prueba de cara al personal de recursos humanos de que eres una persona que sabe del tema. Por ejemplo, imagínate que trabajas en el sector de las aerolíneas en departamentos comerciales y de manera habitual respondes en temáticas del sector aportando ideas y soluciones a posibles problemas de desarrollo de negocio que plantean, ¿qué pensará un director comercial o de recursos humanos de una aerolínea cuando lo lea? Probablemente te quiera tener en su equipo.

Cualquier usuario de LinkedIn puede saber quiénes son los mejores expertos. Echa un vistazo a la siguiente imagen en la que puedes ver personas que son consideradas grandes expertos en su sector. ¿No crees que es una información muy útil para aumentar la democratización del nivel de tus conocimientos acerca de los mejores profesionales? Personalmente creo que sí, ya que la puntuación te la dan otros y eso refuerza la credibilidad. No es lo mismo decir que eres bueno en algo que lo digan otras personas de ti, por lo que debemos trabajar para conseguir esta segunda opción.

Las personas encargadas de la selección de personal también usan la zona de preguntas y respuestas para buscar candidatos y/o saber más sobre alguno en concreto, así que es una oportunidad excepcional para poder estar en contacto con ellos.

10. Aplicaciones y herramientas interesantes de LinkedIn

Resume Builder

Es una aplicación de LinkedIn que te ayuda a generar automáticamente un currículum basado en tus datos y personalizarlo a tu gusto, ofreciéndote la opción de elegir entre varias plantillas, editar los datos y compartirlo en PDF o a través de otras redes sociales. Para ello entra en http://resume.linkedinlabs.com/ y loguéate con tu cuenta, en pocos minutos tendrás tu currículum profesional listo para enviar.

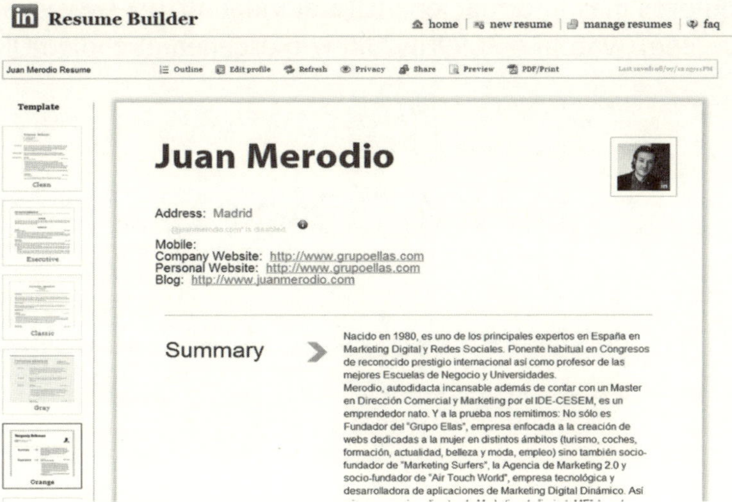

LinkedIn Maps

Esta aplicación te permitirá visualizar de forma gráfica tu red profesional para entender las distintas conexiones. Puedes acceder desde http://inmaps.linkedinlabs.com/, ver tu mapa de LinkedIn y establecer distintas etiquetas para clasificarlo.

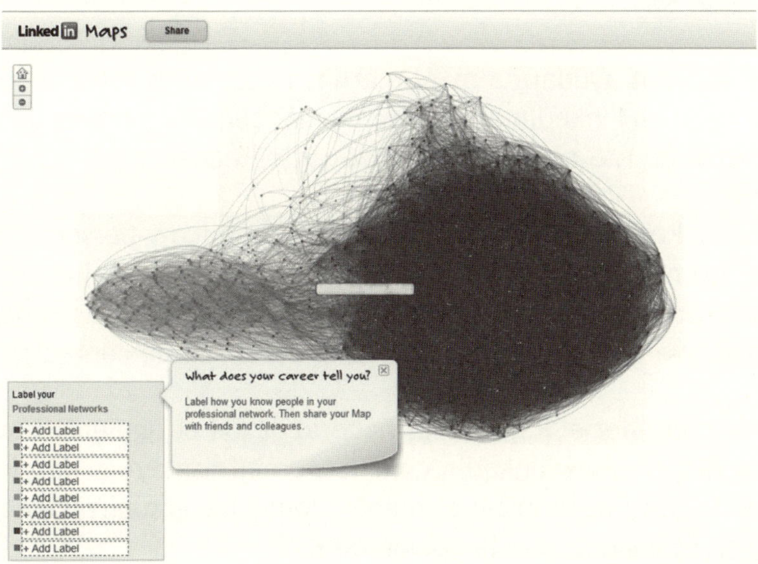

Si quieres más información visita el vídeo http://www.youtube.com/watch?v=PC99Nw2JX8w o escanea el código QR.

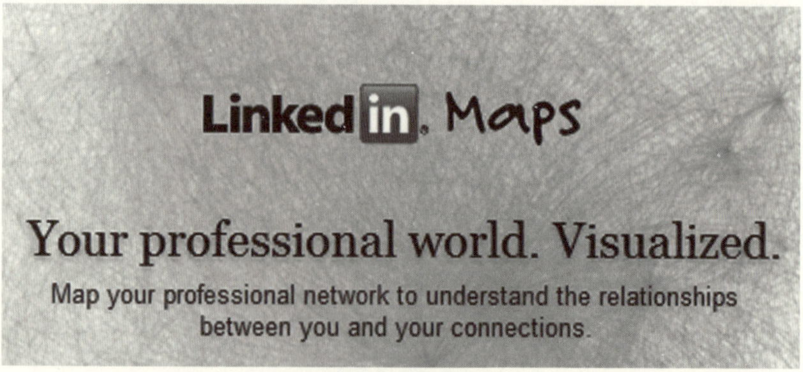

Canal RSS

El RSS nos ayudará a mantenernos informados sobre lo que sucede en LinkedIn de una forma más sencilla a través de un lector de RSS como puede ser Google Reader.

En LinkedIn hay dos tipos de RSS: el público y personal. En el primero tendrás información visible por todos los usuarios como actualizaciones y nuevas características, mientras que en el personal tendrás la de tu red de contactos.

Para obtener el RSS puedes hacerlo desde el siguiente enlace http://www.linkedin.com/rssAdmin?display= o dirigirte en la página de inicio al menú «Todas las actualizaciones» y en él encontrarás la opción de RSS.

LinkedIn noticias

Este nuevo servicio, llamado LinkedIn Today, está de momento solo en inglés y lo encontrarás en el menú «Más». Dentro del apartado «noticias», te mostrarán noticias interesantes en tu sector donde además podrás personalizarlo por categorías.

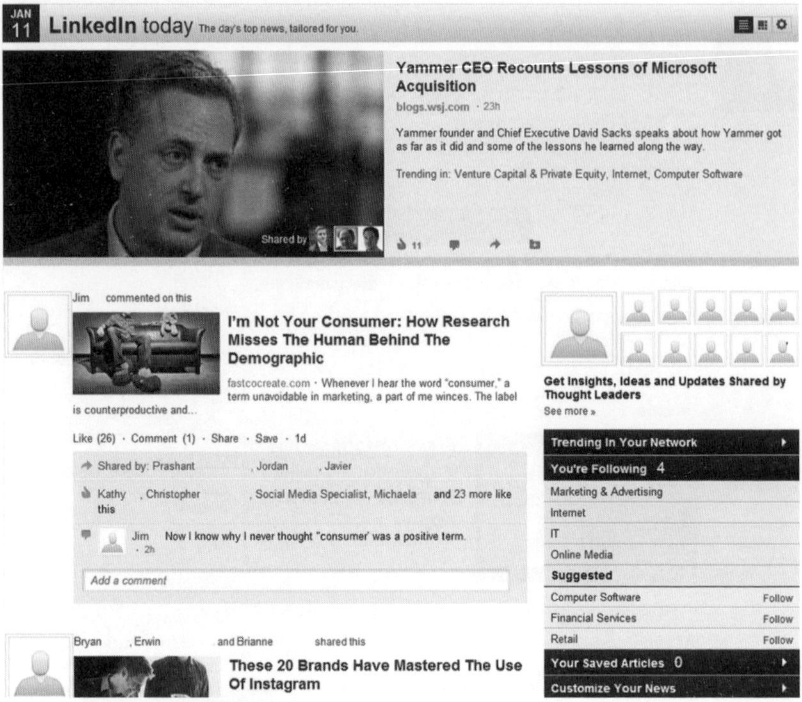

LinkedIn será tu principal arma dentro de las redes sociales. Juan Merodio te explica cómo usarla.

Facebook y sus aplicaciones en la búsqueda de empleo | 05

Facebook, como bien sabes, es la red social con más usuarios en el mundo y el uso principal que le damos es el de contactar con amigos, compartir fotografías, ver información sobre productos o nuestras marcas preferidas, etc. En definitiva, todo lo que tiene que ver con ocio. Pero Facebook es algo más, se trata de una herramienta que refleja una imagen sobre ti y, por lo tanto, debemos cuidar nuestro perfil ya que afecta tanto a nuestra identidad digital personal como a nuestra marca profesional.

¿Quiere decir esto que no podemos compartir información personal o fotos de nuestras actividades porque puede afectar a la búsqueda de empleo? No especialmente, pero es importante utilizar una de las características principales que nos ofrece esta red social, y es la capacidad de crear listas y compartir cada actualización solo con quien queremos, para ello puedes usar las llamadas listas inteligentes que Facebook crea o, si lo prefieres, crear las tuyas propias.

Por ejemplo, puedes tener una lista para amigos, otra para familiares y otra para compartir información profesional y, de esta manera, podrás ir haciendo amigos e incluirlos en cada lista en función de quién se trate. De tal manera que si yo comparto las fotos de mi último viaje de placer a Nueva York y quiero que solo puedan verlas mis amigos y familiares lo compartiré únicamente con esas listas y, por lo tanto, mi lista de amigos profesionales no podrán verlas.

Como en cualquier acción, para que sea más efectiva debemos trabajar en base a la segmentación de los mensajes que lanzamos. Es importante que te acostumbres a no compartir todo con todo el mundo, verás que a largo plazo lo agradeces y te ayudará a tener tu imagen y contenidos en Internet mucho mejor organizados.

Si ya tienes perfil en Facebook entra en la parte de edición y comprueba que la información está correctamente completada y, si ves que puedes actualizarla o añadir algo relevante sobre tu actividad profesional, no dudes en hacerlo.

En la parte «Acerca de ti», debes escribir una frase que dé respuesta a la pregunta ¿qué hago? Imagínate que es como un *elevator pitch* para un emprendedor, es decir, solo tienes una oportunidad de causar una primera buena impresión, por lo tanto, trabaja esta frase para aprovecharla, pero nunca pongas en esta parte nada referente a que estás en búsqueda de empleo.

Cuando alguien entra en tu perfil, lo que ve es un espacio de tu vida y lo que ahí se muestra hace que la persona que lo lea se haga una primera impresión sobre ti, por lo que debes cuidarlo como si se tratase de tu mejor currículum. Para ello puedes compartir información como artículos que hayas escrito, si es que tienes un blog, enlaces a libros que has leído con una breve reflexión personal, noticias del sector en el que te mueves o proyectos en los que has participado.

Algo importante es la foto de tu perfil. Trata de subir una foto actual, no de hace doce años, y que refleje positivismo en tu cara. Una sonrisa siempre te será de gran ayuda. Aprovecha también el espacio reservado para la foto de la biografía para subir una imagen que te relacione como profesional, imagínate que eres arquitecto y decides subir un *collage* de fotos de proyectos en los que has participado.

Piensa que trabajar es una parte más de tu vida, a la que vas a dedicar gran parte de ella, por lo que es importante que las empresas te perciban como una persona que no ve el trabajo como algo que hay que hacer durante ocho horas al día para ganar un sueldo, sino que es una parte más de tu tiempo que te estimula y en la que deseas ir creciendo y formándote de manera continua porque te apasiona lo que haces. Tus publicaciones en el muro de Facebook serán un reflejo tuyo accesible a gran parte del mundo y algo a lo que puede acceder el que quizá sea tu próximo jefe o la persona de la que depende tu contratación.

Hay empresas —como Social Intelligence (www.socialintel.com)— que se dedican a elaborar informes personalizados con toda la información que hay en Internet sobre ti, incluyendo redes sociales, foros, blogs, etc. Según un estudio realizado por esta misma compañía, más de un 70% de los profesionales de Recursos Humanos han rechazado a un candidato por la información que han encontrado sobre él en Internet y eso, en tu caso, no es una opción. Por lo tanto, debes cuidar todos estos aspectos para que esa situación no te suceda.

Una buena técnica para saber qué debemos y qué no debemos publicar es usar el sentido común y no escribir nunca algo que no quisieras que tu madre supiese.

Es importante que revises las políticas de privacidad de tu perfil para asegurarte de que cada información es visible por quien quieres que sea visible. Esto no significa cerrar toda la información para evitar problemas, ya que lo único que producirías es una posible desconfianza. Es preferible que una persona de recursos humanos vea que eres transparente y no tienes nada que ocultar.

Facebook hace ya un tiempo activó la opción de suscripción por usuarios, es decir, puedes suscribirte a las actualizaciones que una persona hace sin ser su amigo y viceversa, eso sí, siempre y cuando la persona admita suscripciones. Para mantenerte informado de aquello que te interesa busca a los líderes de opinión en tu sector y mira si su Facebook permite suscripciones. Si es así, no dudes en suscribirte, te permitirá estar informado acerca de todo lo que dice y, por lo tanto, tener información de primera mano sobre lo último que está sucediendo en tu sector.

Imagínate que tienes una entrevista con una empresa y a través de LinkedIn has conseguido localizar a la persona que te va a entrevistar, o a alguien de su departamento, pero has intentado contactarle por LinkedIn. Como para entrar en contacto con él sin pertenecer a su red necesitas un mensaje *inmail* que cuesta dinero y tú no tienes cuenta *premium*, puedes utilizar Facebook para buscar a esa persona con la que te quieres comunicar y solicitarle amistad junto con un mensajes que le invite a aceptarte y a conversar contigo. Según Lorne Epstein, el fundador de InSide Job (myinsidejob.com), un buen mensaje podría ser del siguiente estilo:

> Hola Ricardo,
>
> El próximo día 23 de marzo tengo una entrevista de trabajo en tu empresa y me gustaría conocer más sobre ella para poder ver cómo puedo serle útil. Te agradecería que me dieses información al respecto.
>
> Saludos,
>
> María Martín

Facebook, aunque en menor proporción que LinkedIn, también es usado por empresas para publicar sus ofertas de empleo las cuales suelen comunicarse en aplicaciones creadas en las propias páginas de las empresas o en grupos.

Dentro de las aplicaciones hay varias conocidas como Branch Out, una aplicación que Facebook creó para permitirte publicar tu currículum profesional al estilo de LinkedIn y que pueda ser visto no solo por tus amigos sino también por las conexiones de segundo nivel que, si recuerdas, corresponden a los amigos de tus amigos. Lo bueno de esta aplicación es que separa, dentro de Facebook, tu información personal (fotos, actualizaciones, etc.) de la profesional.

Un primer paso es buscar una empresa y ver qué amigos o conexiones de segundo nivel trabajan en esa empresa, y de esta manera puedes saber por dónde ir para acercarte a ella.

Para usar BranchOut entra en http://branchout.com/ y loguéate con tu cuenta de Facebook.

El siguiente paso te pedirá invitar a unirse a tus amigos de Facebook, puedes aceptar o saltártelo.

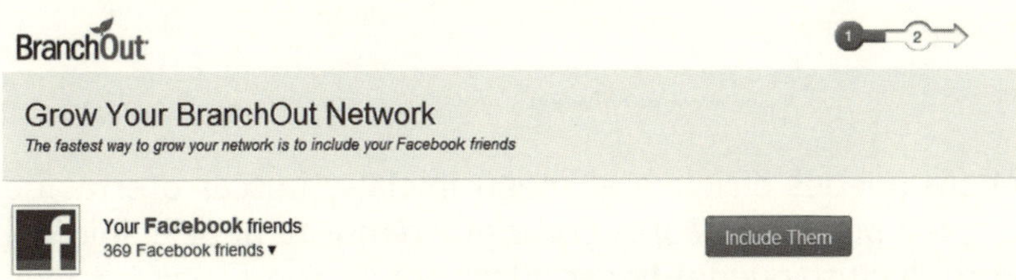

Ahora lo que tienes que hacer es completar tu perfil para lo que debes dirigirte a «Edit Profile».

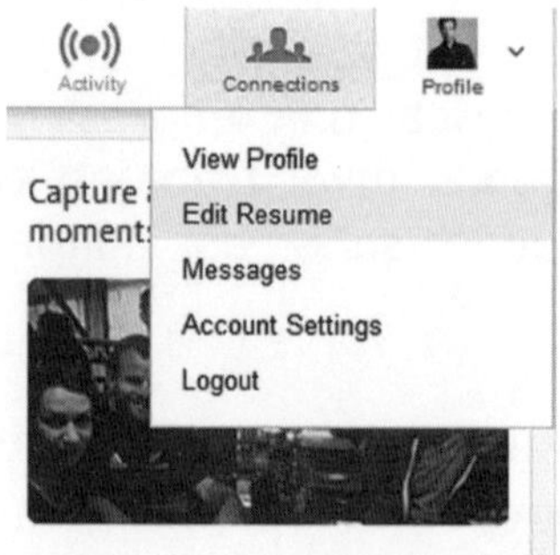

Al igual que hiciste con el perfil de LinkedIn, dedica un tiempo a completar con todo detalle tu perfil, añadir un resumen, formación, subir una foto, etc.

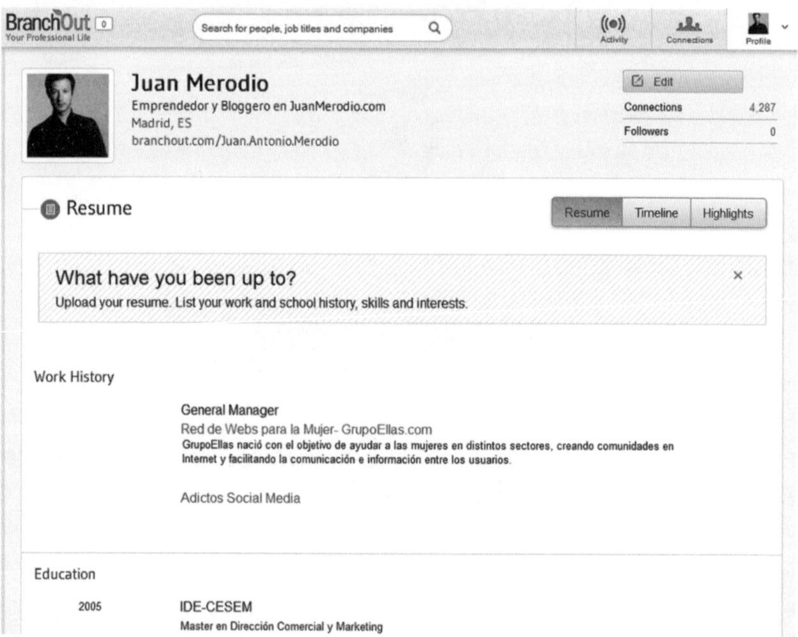

Ahora puedes dirigirte al menú inicial y buscar ofertas de empleo por las palabras clave que definiste al principio del libro. Incluso puedes hacer filtros por sectores, países, nivel de experiencia y verás que te ofrece un listado de resultados con las últimas ofertas de empleo publicadas.

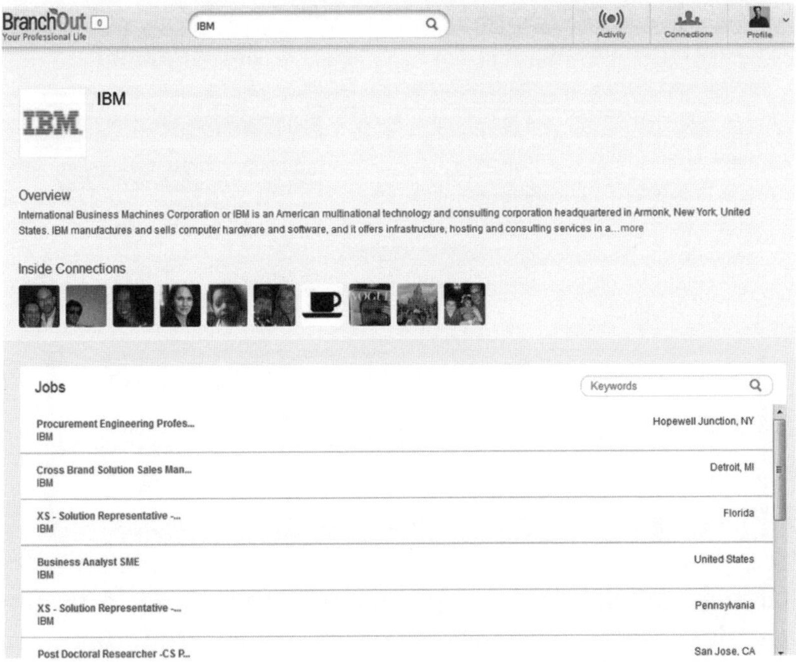

Otra conocida aplicación de búsqueda de empleo es CareerBuilder. Para acceder a ella entra en www.facebook.com/careerbuilder y busca la aplicación «Search Jobs» para poder comenzar tu búsqueda.

Search Jobs

Una vez dentro verás que puedes realizar búsquedas por sectores, luego te redireccionará a su página web en la que también podrás darte de alta y publicar tu currículum.

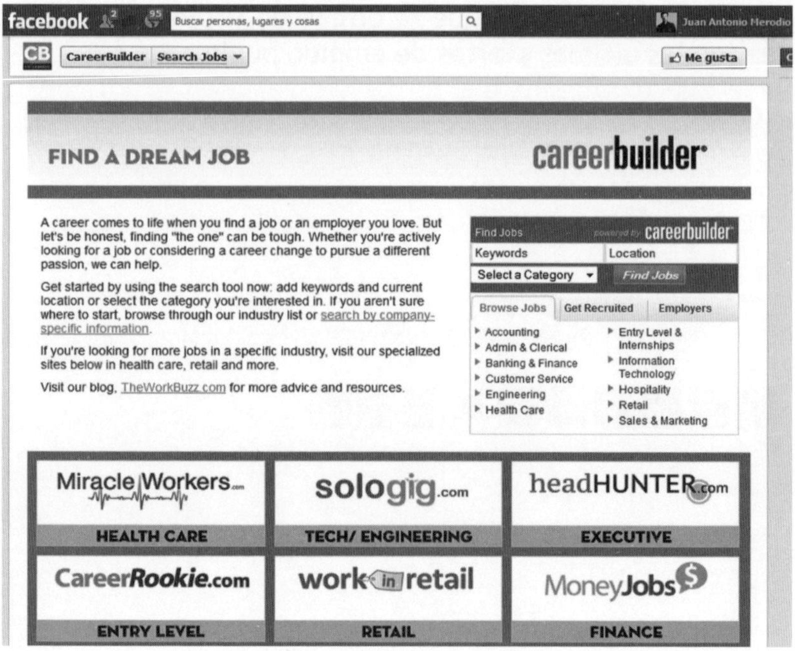

También puedes usar la aplicación Simply Hired, a la que accedes desde www.facebook.com/simplyhired, una vez dentro debes hacer clic en su aplicación «Search for jobs» en la que tendrás un buscador de empleo por palabras clave y ubicación.

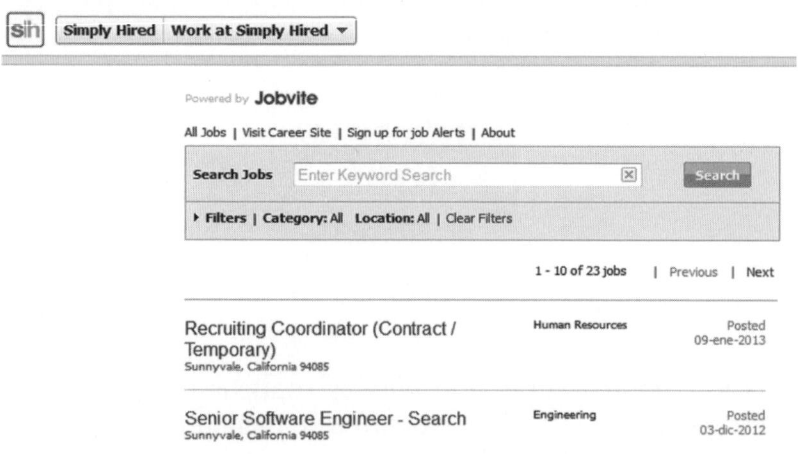

Al hacer la búsqueda verás los resultados de distintas ofertas de empleo que podrás filtrar utilizando diferentes parámetros como fecha o empresa y crear alertas por correo electrónico para que te informen de manera automática de nuevas ofertas creadas con la búsqueda que has realizado.

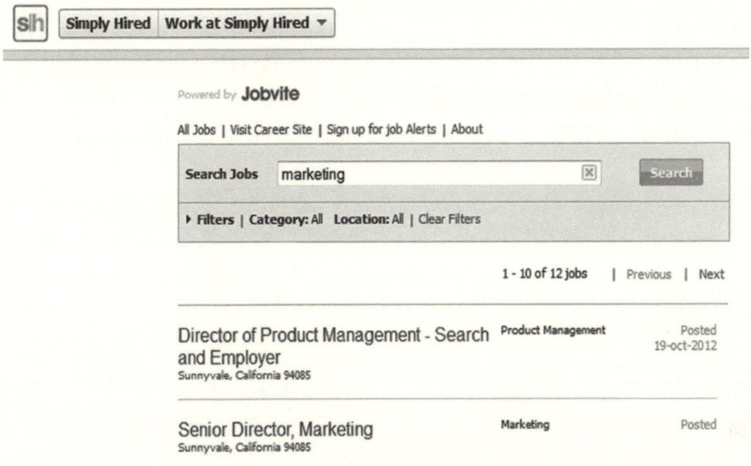

Ahora vamos a ver el portal www.jobandtalent.com.

Jobandtalent es un sistema que te recomienda las ofertas de empleo que más se aproximan a tu perfil y a tus preferencias profesionales para ahorrarte tiempo a la hora de alcanzar tu objetivo de encontrar el empleo que buscas. Para que funcione bien es imprescindible que completes tu perfil con todos los datos posibles.

BeKnown, de la empresa Monster, es una aplicación a la que puedes acceder desde www.facebook.com/appcenter/beknown y realizar búsquedas por distintos criterios.

Como has podido ver estas aplicaciones tienen ofertas de todo el mundo. Habrá países con menos ofertas que otros y, dependiendo del sitio y del sector en el que busques, te serán unas u otras de mayor o menor utilidad.

Facebook puede tener un uso relacionado con lo profesional: ¡aprende a sacarle partido!

Twitter, ¿comunicamos y buscamos trabajo? | 06

Esta red social o herramienta de comunicación es una gran arma en la búsqueda de empleo. Básicamente consiste en una red en la que tienes que decir algo con un máximo de 140 caracteres. Es como una actualización de Facebook pero limitada a esos 140 caracteres.

Cada día se unen a Twitter miles de personas de todo tipo, desde famosos, empresarios, artistas y, evidentemente, también reclutadores de empleo tanto para lanzar ofertas como para saber qué dicen y qué comparten posibles candidatos a un puesto de trabajo.

En este capítulo voy a centrarme en cómo usar esta red desde el punto de vista de la búsqueda de empleo. En primer lugar, revisa la información que aparece en tu descripción para darle un enfoque más profesional, quizá puedas usar la creada para LinkedIn con alguna variación. Además debes cuidar lo que dices y evitar, al igual que en el resto de redes, comentarios negativos o entrar a fondo en temas políticos o religiosos, lo mejor es que lo enfoques como una herramienta de información y comunicación profesional, eso no quita que también lo puedas usar para determinados aspectos más personales.

El primer paso es obtener una imagen de fondo acorde a tus objetivos. Twitter ofrece una por defecto pero puedes crear la tuya y subirla entrando en el menú «Configuración» y en el apartado «Diseño».

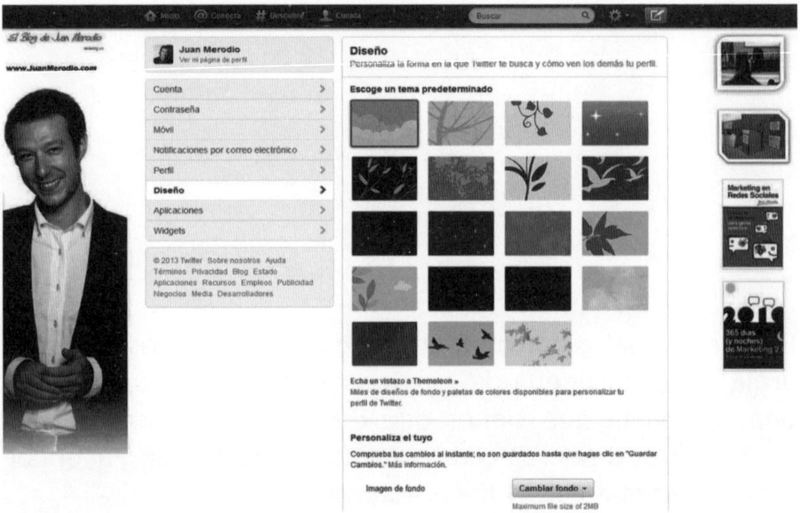

La primera parte del trabajo consiste en identificar a quién debemos seguir. Para ello vamos a empezar indagando en el buscador de Twitter (twitter.com/search) las empresas que seleccionamos para LinkedIn, así como posibles personas que nos interesen, que trabajen en esas empresas, y comenzaremos a seguirlas para estar informados de todo lo que dicen.

Otra buena opción es seguir a empresas de búsquedas de empleo como Infojobs, Monsters, Michael Page, etc., para estar al tanto de las ofertas que publican también por este canal.

Tu presencia en Twitter debe ser activa, es decir, leer todo aquello que te pueda interesar pero también interactuar e ir creando poco a poco relaciones más cercanas tanto con empresas como con personas del sector.

Es importante que cada día te siga más gente de tu sector, por lo que debes ir trabajando poco a poco esto. No se trata de tener miles de personas que nos siguen sin sentido, sino de localizar a aquellas que puedan estar interesadas por lo que publicamos. Puedes establecer la rutina de publicar todos los días tres o cuatro noticias relevantes de tu sector con comentarios hechos por ti, retuitear noticias de otras cuentas que te interesen y generar contenido de valor. Esta parte la podemos hacer compartiendo los *posts* que escribimos en el blog que previamente hemos creado, de manera que si nos sigue mucha gente de turismo y publicamos un *post* hablando sobre cómo mejorar las ventas en una empresa turística es probable que muchos de ellos se interesen por nuestro *post*, entren y lo lean, si lo creen conveniente dejen un comentario o lo retuiteen y, si el blog lo ven interesante, se suscriban a él generándote nuevos lectores. ¡Fíjate cómo comienza todo... al final se trata de una cadena de acciones que, para que funcione, necesita tener todos los pasos bien engranados!

Puede que llegue un momento en que te resulte difícil manejar la cantidad de información que recibes, para evitar eso debes crear desde el principio listas en Twitter que junten los tuits por categorías como más te interese.

Por ejemplo, crea una lista de ofertas de empleo, en la que incluyas las cuentas de Twitter que solo publican ofertas;

otra llamada, por ejemplo, «noticias de interés» en la que se encuentren los tuiteros de tu sector que normalmente comparten noticias relevantes; otra de amigos donde incluyas a tus amigos para leer cosas que no tienen que ver con asuntos profesionales, y así tantas listas como necesites, de manera que ya desde el principio te construyas una cuenta de Twitter organizada.

Las listas las puedes crear directamente desde tu cuenta en Twitter.com, en el apartado «Listas», haciendo clic en «Crear lista» a la que tendrás que darle un nombre, poner una descripción y decidir si quieres que sea pública y cualquiera pueda seguirla, o hacerla privada para ti solo.

Una vez creadas podrás comenzar a incluir en cada una a los usuarios que consideres oportuno.

En Twitter también existen aplicaciones muy útiles a la hora de gestionarlo que te ayudarán en tu camino de la búsqueda de empleo. Una de ellas es Listorious.com, una aplicación que te facilitará la búsqueda de determinados perfiles en Twitter tanto buscando por palabras clave como por categorías.

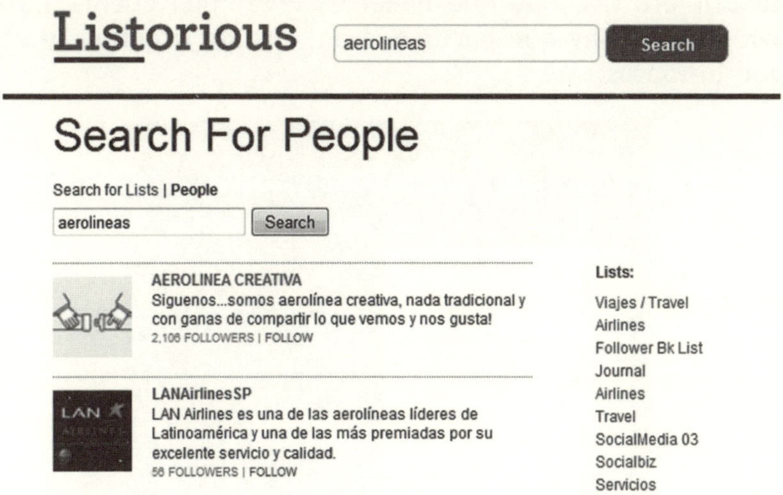

Para gestionar de forma más fácil Twitter te recomiendo que te descargues o uses TweetDeck, un programa para manejarlo de una manera mucho más cómoda y eficaz. Puedes acceder a él desde www.tweetdeck.com.

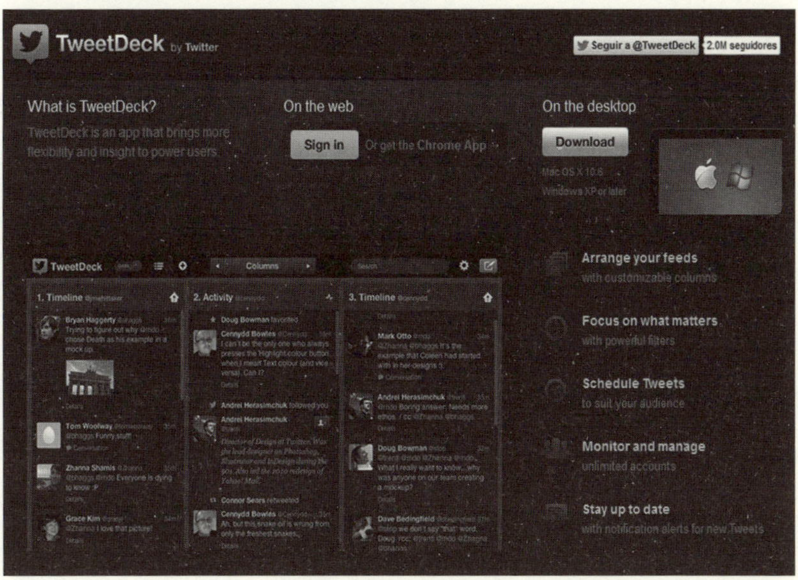

Lo primero que hay que hacer es crear una cuenta para TweetDeck. Hay que hacer clic en «Create Account» y seguir los pasos:

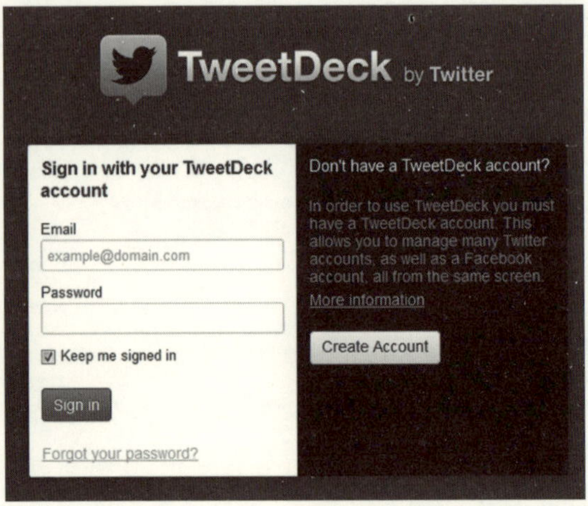

Una vez registrado, hay que agregar la cuenta de Twitter que quieras gestionar. Para ello tienes que ir a «Settings» y seguir las indicaciones:

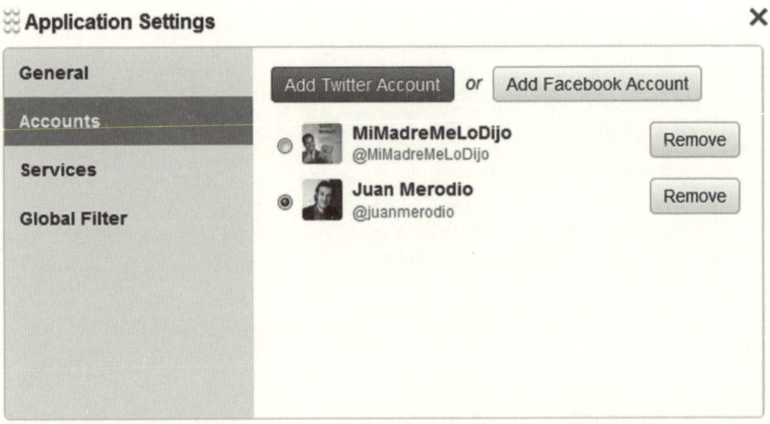

Ya con la cuenta creada dentro de TweetDeck, el siguiente paso es pinchar en «Add Column» y elegir las columnas que se desea agregar:

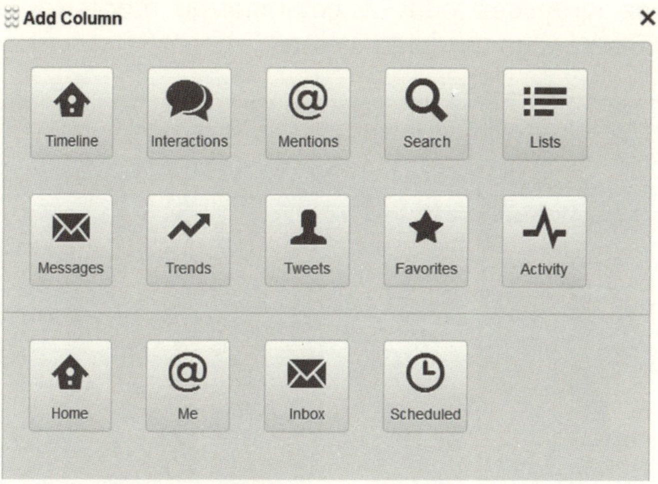

Por ejemplo, si quieres agregar una columna con el *timeline* de tu cuenta, tan solo tienes que pinchar sobre «Timeline» y seleccionarla. El proceso es el mismo para ir añadiendo las distintas columnas. Mi recomendación es que añadas *timeline, mentions, lists y messages* para tener la información más relevante bien visible:

Una vez agregadas todas las columnas que necesites, el resultado será algo parecido a esto:

En TweetMyJobs (www.tweetmyjobs.com) encontrarás un buscador excepcional de ofertas de empleo publicadas y podrás hacer la búsqueda tanto por palabras clave como por sector o localidad.

Otro complementario es TwitJobSearch.com, un buscador que te permite poner alertas en ofertas de empleo publicadas en Twitter.

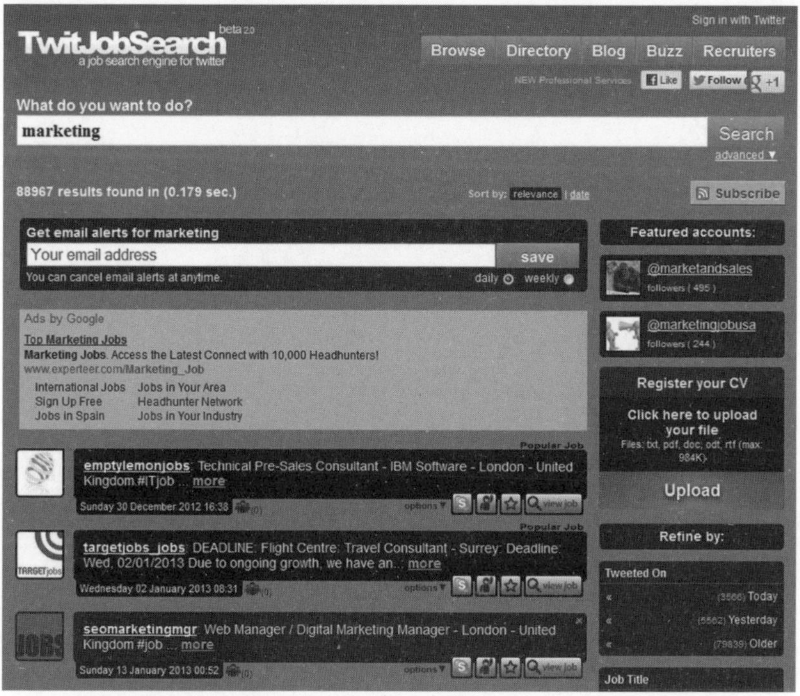

Si quieres saber cómo sacar el máximo provecho a tu Twitter, escanea este QR y mira este vídeo.

Caso de éxito: cómo Ana encontró un puesto de trabajo gracias a LinkedIn

Quiero contaros la historia de Ana Belén Sánchez Tébar, una chica que conocí en una conferencia mientras estaba escribiendo el libro, que me contó cómo LinkedIn le había ayudado a encontrar trabajo. Era tal su ilusión y ganas de contarlo a los demás que decidí compartir su experiencia también contigo en este libro.

Ana es una chica de 32 años que, después de seis meses en paro, encontró su oportunidad en la empresa Realsec, especializada en criptografía basada en *hardware:* firma digital, DNI electrónico, etc.

Ana llevaba varios meses buscando trabajo, no le salían entrevistas y poco a poco iba perdiendo la ilusión, pero decidió empezar a trabajar su presencia en LinkedIn. Un día supo que un reclutador había entrado en su perfil de LinkedIn. Ella, de inmediato, visitó el de él y vio que tenían dos contactos en común. Esto sucedió el miércoles 18 de julio a las 12 de la noche y, a los pocos minutos, el reclutador contactó con ella vía mensaje privado ofreciéndole un trabajo como responsable de marketing. Cabe destacar que el reclutador conoció a Ana porque ella participaba de manera activa en varios grupos de LinkedIn relacionados con su sector: a diario se conectaba a grupos, posteaba, interactuaba, actualizaba su perfil con novedades, etc.

El reclutador le pidió su currículum en PDF vía correo electrónico, le preguntó si sabía inglés y ella dijo que sí.

Tan solo dos días después del primer contacto, en concreto el viernes 20 de julio, cuando iba con sus amigas a pasar unos días a Cádiz, el reclutador contactó de nuevo con ella para que realizase su primera prueba para la empresa. Le envió por correo electrónico varios test de personalidad para realizarlos, ella los hizo y se los devolvió por la misma vía el domingo.

La primera entrevista fue el siguiente jueves, solo ocho días después del primer contacto. La mantuvo con el reclutador y el consejero delegado de la empresa y en ella hablaron de su experiencia, su currículum, etc.

El 31 de julio el reclutador contactó de nuevo para decirle que la última parte de la entrevista consistía en hacer un breve plan de marketing y comunicación de la empresa, presentado en PowerPoint, y que la semana del 18 de agosto volverían a avisarla para presentarlo. Fue el miércoles 22 cuando lo defendió en persona. El 23 de agosto la llamó el reclutador de nuevo para comunicarle que el puesto de trabajo era suyo. De la emoción Ana se puso a llorar, no se lo podía creer.

Esta es la breve pero exitosa historia de Ana, que gracias a su buen hacer en redes sociales consiguió el trabajo que tanto tiempo llevaba esperando. En la actualidad está feliz, trabajando en algo que le gusta y con un sueldo acorde a su experiencia y formación.

Ana también quería transmitirte unas palabras, por lo que las transcribo tal y como me lo dijo:

> «El uso de las redes sociales para encontrar trabajo es la mejor opción porque te vas a páginas como Infojobs, que era el líder hacer años y ahora no, y te encuen-

tras con cientos de candidatos apuntados a ofertas por lo que eres prácticamente invisible.

LinkedIn es más, no solo es un currículum, es una red en la que ver contactos, pedir referencias, es algo mucho más personal».

El caso de Ana puede ser el de cualquiera de nosotros. ¡Sigue los consejos de este libro y usa las redes sociales para encontrar o cambiar de trabajo!

Anexo

Quiero hablaros de un caso reciente de selección a través de redes sociales (o *social hunting)* de un candidato para un puesto de trabajo concreto.

La siguiente acción la llevó a cabo la empresa Arla Foods en 2012. Se trata de una compañía con más de 100 años de historia, que decidió usar las redes sociales para buscar un candidato para un puesto de *marketing assistant*. A continuación, reproduzco de forma literal cómo publicaron en su página web la oferta de empleo y cómo había que participar en ella:

Arla Foods busca *marketing assistant*. ¿Te apuntas al #socialhunting?

En Arla Foods estamos buscando al candidato perfecto para el puesto de *marketing assistant*. Si crees que puedes ser tú, no dudes en presentarnos tu candidatura a través de nuestra aplicación en Facebook.

¿Cómo hacerlo?

Es muy sencillo:

1. Hazte fan de la página de Facebook de Naturarla.

2. A continuación, lee atentamente las condiciones para optar al puesto de trabajo; así como las bases legales de la promoción.

3. Sube un vídeo respondiendo a las preguntas que te planteamos y envía tu currículum vitae a esta dirección: socialhunting@naturarla.es. Os recordamos que será obligatorio introducir el identificador de vuestro vídeo en el currículum, que obtendrás una vez hayas añadido tu vídeo a nuestra aplicación. Si quieres ver un ejemplo de cómo hacer tu vídeo, pincha aquí.

4. Los dos candidatos que reciban más votos pasarán directamente a realizar la entrevista de trabajo. Los otros cuatro candidatos los decidirá Arla Foods.

5. Los seis seleccionados se comunicarán el 9 de abril de 2012.

6. El candidato que finalmente pase a formar parte del equipo de Arla Foods España se anunciará de forma pública el 23 de abril de 2012, día de la incorporación al puesto de trabajo.

Descripción del puesto: *marketing assistant*.

Reportando a: *marketing manager.*

Objetivo de la posición:

Soporte a la dirección de marketing, asumiendo tareas determinadas en *product management*, estrategia digital y *brand managing* con el fin de facilitar el eficiente funcionamiento de las operaciones del departamento.

Responsabilidades clave:

- Participación en los proyectos clave asignados al departamento: participará activamente en el plan de marketing de la compañía y en el establecimiento de la agenda para alcanzar los objetivos establecidos por categoría.

- Gestión integral de operaciones con la producción de la compañía en términos de *product management*: desarrollo de producto, fichas técnicas, calidad, *packaging*...

- Coordinación y seguimiento de acciones BTL: establecimiento de calendarios promocionales del *trade*, tarjetas de fidelidad y acciones *ad hoc* para cuentas clave. Se debe ser proactivo en el trabajo conjunto con la dirección de ventas y los KAM's con el fin de desarrollar un óptimo material POS. Implementación de promociones *on-pack*.

- Participación activa en el desarrollo de la estrategia *online* de la compañía.

- Asistencia a la dirección de marketing.

- Contacto con clientes para información de producto o acciones de marketing solicitadas por estos.

- Gestión y análisis de datos Nielsen.

Características necesarias para la posición:

- Licenciad@. Se valorará experiencia en el sector alimentación y/o haber desarrollado funciones similares en el pasado.

- Nivel alto de inglés.

- Buscamos una persona proactiva y creativa, que le guste el trabajo en equipo y sea entusiasta y positiva.

- Deberá realizar algunos viajes a la sede central en Dinamarca.

Condiciones del contrato:

El contrato será indefinido tras haber superado el contrato de prueba establecido por la vigente ley laboral española. El salario podrá variar en función de las cualidades y características del candidat@.

Cuvitt

Esta herramienta te crea un currículum inteligente que también puedes usar para enviar a las ofertas de empleo. Para crearlo entra en https://es.cuvitt.com/ y sigue los pasos que te indiquen. Te llevará un tiempo pero merece la pena ya que da a las empresas datos muy interesante sobre tu perfil.

Puedes ver un ejemplo de currículum de Cuvitt en https://es.cuvitt.com/professional/clorenzoliste.

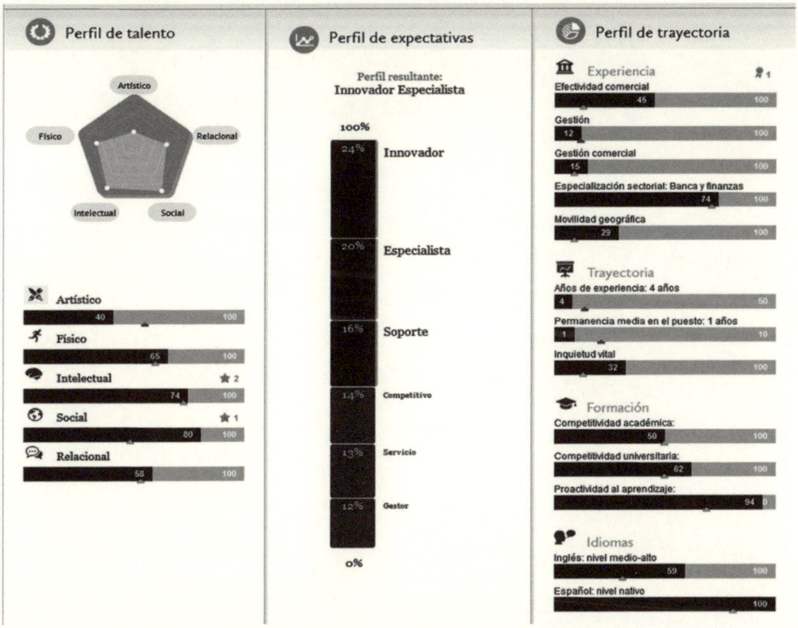

Esto es solo el principio de lo que está por venir y, cuanto más preparados estemos, mayores posibilidades tendremos de conseguir el trabajo que buscamos.

Epílogo

Es para mí, un chico de principios de los setenta, un gran honor que una de las personas que más respeto me inspira por sus ideas, trayectoria, forma de entender la vida y que mejor encarna la generación *milenium*, me haya pedido que escriba unas líneas en este libro, que me consta nace con la ilusión de ayudar a personas a encontrar el rumbo profesional en este siglo tan difícil de entender.

Para los que nos formamos académica y profesionalmente en el siglo anterior, el actual está suponiendo un reto. Los años finales del siglo XX se caracterizaron sobre todo por la falta de motivación: la sociedad que venía de los sueños de los setenta giró hacia una econocracia, en la que el dinero mandaba y todos teníamos que ser profesionales y manejarnos como tales, aparentar una profesionalidad y seriedad marcadas por unas normas de conducta —e incluso de imagen— establecidas, unas pautas que nos hacían iguales. Todos teníamos claro el camino de la felicidad y del éxito en la vida. Por poner un ejemplo tonto, pero muy cargado de significado, analicemos el uso de la chaqueta y la corbata. ¿Qué directivo de alto nivel podría vivir sin ellas? A un buen profesional se le reconocía por su atuendo. Yo mismo, cuando llegué de Asturias a Madrid, lo primero que hice fue gastarme dinero en ropa y recuerdo que aplicaba la ley del «te pagarán tan bien como te vistas».

La selección de personas se realizaba en base a esas reglas establecidas y se iban tachando cajas en una lista imaginaria, donde se describía cómo debía ser un profesional. Así que todos nos plegábamos a estas normas que conocíamos.

Como resultado, era muy difícil diferenciarse, cualquier acto fuera de estas pautas era salirse del tiesto y, por lo tanto, no tener opciones a la palabra original.

El siglo XXI parece nacer con otra vocación, poco a poco volvemos a soñar con un mundo distinto, bien forzados por la crisis del que conocíamos o bien empujados por las nuevas generaciones. En la actualidad, los trabajadores tienden a romper más convenciones profesionales, se comunican, visten, opinan y se interesan por temas diversos. Tratan de diferenciarse más y entender la vida profesional de forma variada, hacer realidad sus sueños, dedicarse a aquello en lo que se sienten más realizados, cada día se dan más cuenta de que al final trabajar en lo que les apasiona suele ser la mejor forma de triunfar. Creo que ya a nadie se nos escapa este cambio social, donde vemos casos tan conocidos como Facebook o Tuenti y cómo sus más altos directivos visten vaqueros y camiseta. Pero esto no es solo una tendencia en el mundo de las nuevas tecnologías, sino que está calando en los sectores más rígidos de la economía.

Mi primer consejo sería que no seas como deberías de ser, como se esperaría de ti en un currículum profesional plano, sé como eres, no solo en el mundo real, sino también en el virtual, así de simple: sé como te sientas mejor y exprésate en concordancia.

Uno de los errores más comunes es intentar ser quien no se es. Y es que para triunfar en la vida profesional hay que ser uno mismo, no te vendas por el primer cheque, no tengas miedo a fracasar, tenlo a no ser feliz.

Solo serás excelente si trabajas en lo que te apasiona y solo sentirás pasión por lo que haces cuando te dediques a aquello que te absorbe, en lo que las horas pasan sin que te des cuenta.

Si eres sincero contigo mismo, algún día llegarás a controlar tu vida y lo mismo se aplica en el plano profesional.

Esto lo aprendí de un país del que se habla poco, el país de Birgitta —la persona más importante en mi vida, junto con mi familia—: Suecia. Allí los salarios no contemplan las diferencias que tenemos en España —entre el sueldo de un directivo y un operario el diferencial es solo 2,28, según datos de 2011 de la OCDE—. El que este diferencial sea mucho mayor en España empuja a las personas a ejercer trabajos que no les apasionan por motivos económicos y de reconocimiento social y en los que nunca serán los mejores, lacrando no solo su empresa y a sus compañeros, sino también arruinando su propia vida.

Así, este chico de principios de los setenta empezó a pensar que había otra forma de expresarse, actuar, opinar y vestirse, aunque te encuentras con personas que no lo aceptan, que solo entienden el sufrimiento como mérito para triunfar —lo que yo denomino *low profile,* o sea concéntrate en no cometer errores, no hables demasiado, no generes polémica, sé corporativo y ten la paciencia suficiente porque acabarás triunfando—. Este modelo, que parecía adecuado en épocas de crecimiento, en las que todo funcionaba, parece cada día más agotado y son más las personas y empresas que entienden que este camino sin valor añadido para el negocio tiene los días contados. La crisis nos obliga a competir de manera más feroz e imaginativa y se hace necesario que todos y cada uno de nosotros aportemos valor.

Si esto lo unimos al nuevo entorno laboral, en el que tres aspectos (globalización, especialización y acceso a la información) están modificando el mundo, tenemos las claves para entender el nuevo entorno profesional.

Estas tres realidades no son nuevas, no solo han transformado el mundo humano a lo largo de los siglos, sino también el animal desde sus inicios, con sus correspondientes crisis y renacimientos. Todos conocemos las migraciones animales y humanas y cómo han transformado el mundo —la especialización entre carnívoros y herbívoros o cazadores y agricultores— y sabemos el cambio que supuso la capacidad del habla. Lo que está pasando en la actualidad es que se ha vuelto a acelerar el proceso.

El ser humano al igual que el animal mantiene dos axiomas: debe evolucionar y, a la vez, tiene tendencia a permanecer. Las crisis se producen cuando el miedo al cambio es mayor que el empuje a evolucionar. Cuando los dinosaurios bien establecidos niegan su ocaso y no dan paso a los mamíferos. Lo que es una crisis para unos es una revolución para otros, y ahí estamos ahora, muchos dinosaurios no encuentran su sitio ante el cambio en su entorno, a la vez que los mamíferos parecen todavía no tener su territorio o seguir viviendo con las normas de los dinosaurios, dado que los ven como triunfadores.

Como cualquier revolución humana, desde la aparición del lenguaje a la de Internet, pasando por el papiro, la imprenta, el telegrama o el teléfono, esta se genera por un cambio en la comunicación seguida de una globalización y termina en una especialización que da lugar a una crisis, antes del renacimiento, con su correspondiente modificación de sistema y ajuste a la nueva realidad, cosa que estamos viviendo con las redes sociales.

Nos encontramos ante una nueva realidad, las actuales formas de comunicar están moldeando nuestro mundo, incrementando la especialización y acelerando la globalización. Se parece más un chico de 18 años chino a un chico español de la misma edad, que este último a su padre, y cuanto antes lo entendamos y aceptemos, antes estaremos en situación de superar esta crisis de inmovilismo. Hay que entender que los países no existen más que en los juegos olímpicos, que primero se liberó el comercio de mercancías, después el de capitales y ahora el del talento, por encima de lo que nunca podríamos haber esperado. Lo vimos en Europa con el mercado único de mercancías, capitales y ahora de trabajadores pero pronto, al igual que pasó con el de capitales y mercancías, encontraremos regulaciones que faciliten el del talento a nivel global.

Las empresas ya no compiten en mercados locales sino globales y esto hace necesario contar con el mejor talento esté donde esté. Ya no es suficiente ser uno más en diseño gráfico, sino el mejor en diseño de tipografías para editores de texto.

Esto hace que la especialización sea clave y que cada uno de nosotros deba empezar a pensar como una empresa y buque su hueco de mercado, aquel en el que destaca sobre los demás y, normalmente, se es mejor en aquello que te apasiona.

Hablando con Javier Ballester, una de las personas que más me han enseñado en el mundo del *headhunting* (o búsqueda de talento), me explicaba un día cómo su empresa de selección, Beagle, decidió centrarse en el sector tecnológico. Pero no se quedó ahí, dentro de las nuevas tecnologías, se especializó en ERPs y dentro esto en SAP. Además, me empezó a hablar de cómo contrataba dentro de SAP a profesionales de MM y de MM *retail*, cómo los buscaba en cualquier país del mundo y los llevaba a donde se necesitaban. Lo hacía desde su oficina en España pero daba servicio a profesionales y empresas en cualquier país del mundo. Su ejemplo ilustra perfectamente esta nueva realidad: especialización, globalización y comunicación. Si lo comparo con los años ochenta, las empresas buscarían un informático y a menos de diez kilómetros de su oficina.

Si miramos 100 años atrás, parecía que las empresas contaban con un 10% de personas que marcaban la diferencia y los demás, con tal de cumplir los requisitos, valían. Así que se contrataban un 10% a través de canales de coste alto, como la búsqueda de talentos, dado que debían acertar, pero como el volumen era bajo las empresas se lo podían permitir. Para el resto se colgaban carteles a la puerta de la fábrica o la tienda con «se busca...», después se colgaron en el puerto y más tarde en el periódico, para acabar en los nuevos portales de empleo digitales, todos con bajo coste y siguiendo el principio de cumple o no cumple, no necesariamente si era el mejor o no.

Desde entonces hasta ahora el mundo ha cambiado y la especialización ha hecho que aparezcan nuevas profesiones que de repente hacen que lo que era un 10% en cuanto a personas que marcaban la diferencia pase en muchos sectores al 50% o, incluso, en algunos al 80%. Además ante la competencia global no me sirve el mejor de mi ciudad, ni de mi región, ni siquiera de mi país en muchos casos. Esto hace que las empresas elijan entre contratar a alguien que sirve o al mejor.

Si se deciden por el que es válido, utilizan los portales de empleo y acuden a los disponibles, lo que al tener un bajo coste aunque un volumen elevado sale rentable a priori, pero a la larga puede producir pérdida de competitividad. Si se deciden por contratar los servicios de un cazatalentos, consiguen al mejor, no solo el disponible, pero al ser un coste elevado por un creciente volumen se dispara el coste total.

En este entorno de necesidad empresarial, nace LinkedIn, una nueva forma de comunicar y mantener lazos de forma global que permite a los profesionales publicitarse a nivel mundial, como si de empresas prestadoras de servicios se trataran, y a las empresas buscar el mejor talento a menor coste.

Este libro sirve de guía a todas aquellas personas dispuestas a abrazar la nueva realidad, por necesidad o por convicción, e ilustra cómo buscar trabajo en la nueva realidad. Creo que es una lectura de gran ayuda tanto para aquellos que buscan trabajo como para cualquier profesional que desee estar informado de las últimas novedades en redes sociales.

Faustino Granell García de Lago
Exdirector de ventas y máximo responsable
de LinkedIn Iberia

P. S.: recuerda, lo importante es ser tú mismo y esto empieza desde el momento en que te describes en LinkedIn. Trata de hacerlo de una forma personal, sé creativo y especial. No intentes parecerte a todos los demás.

Bibliografía

How to find a job on LK, FB, TW y G+ de Brad Schepp and Debra Schepp.

http://www.exprimiendolinkedin.com.

http://www.inca-trade.com.

http://www.trecebits.com.

http://www.periodistadigital.com.

http://www.empleofuturo.com.

http://wwwhatsnew.com.

http://www.rrhhsocialmedia.com.

http://mashable.com.

http://www.ciudadano2cero.com.

http://www.myfacejob.com.

http://www.naturarla.es.

http://www.redeshumanas20.com.

http://www.socialmediaexaminer.com.

¿Seguimos en contacto?

Cuéntame si has conseguido trabajo gracias a las redes sociales

Me gustaría que entre todos vayamos completando la información de este libro, que me cuentes si has conseguido trabajo gracias a las redes, cómo lo has hecho, etc. Para ello he creado un grupo en LinkedIn llamado: cómo encontrar trabajo usando las redes sociales (www.linkedin.com/groups/Cómo-Encontrar-Trabajo-Usando-Redes-4701767), para que me cuentes tus experiencias y podamos estar en contacto y, por supuesto, también puedes utilizar mis perfiles en redes sociales:

www.facebook.com/JuanMerodio

www.twitter.com/JuanMerodio

es.linkedin.com/in/juanmerodio

20 años

NOS QUEDA MUCHO POR HACER

LID

- 1993 Madrid
- 2007 Barcelona
- 2008 México DF y Monterrey
- 2010 Londres
- 2011 Nueva York / Buenos Aires
- 2012 Bogotá